Karl-Heinz Göttert

Schwätzer

Karl-Heinz Göttert

Schwätzer

Leben mit Flegeln

Philipp Reclam jun. Stuttgart

RECLAM TASCHENBUCH Nr. 20200

Reihengestaltung: büroecco!, Augsburg
Umschlagillustration: Michael Luz, Stuttgart
Gesamtherstellung: Reclam, Ditzingen
Printed in Germany 2010
RECLAM ist eine eingetragene Marke
der Philipp Reclam jun. GmbH & Co. KG, Stuttgart
ISBN 978-3-15-020200-5

www.reclam.de

Papa, noch ein wenig schwätzen, damit der Schlaf kommt.
(Theophrast, nach 319 v. Chr.)

Dräng die Worte zusammen, fasse dich kurz, sei wie einer, der etwas weiß, aber auch schweigen kann.
(Jesus Sirach, um 180 v. Chr.)

Binde deine Rede, dass sie nicht zu üppig treibe, nicht zu geil wuchere und durch Schwatzhaftigkeit zur Sündenlese führe!
(Ambrosius von Mailand, 4. Jahrhundert)

Das Gute, wenn kurz, ist doppelt gut;
und selbst das Schlimme, wenn wenig, ist nicht so schlimm.
(Balthasar Gracián, 1547)

Seine Meinung langatmig, ohne je einer Zwischenrede Raum zu geben, vorzutragen, zeugt von geistiger Schwerfälligkeit.
(Francis Bacon, 1625)

Der Geist zeigt sich in der Unterhaltung weniger darin, dass man selber damit aufwartet, als vielmehr darin, dass man den der anderen weckt.
(La Bruyère, 1688)

Die meisten Menschen freilich wünschen im Gespräch auch selbst zu Worte zu kommen und betrachten mit sehr scheelen Blicken eine Redseligkeit, die sie um ein Recht verkürzt, auf das sie natürlicherweise so eifersüchtig sind.
(David Hume, 1777)

Es gibt Leute, die, ohne es selbst zu merken, aller Orten die Sprachführer sind.
(Adolph Freiherr Knigge, 1788)

Inhalt

Prolog

Eine Kindheitserinnerung wie ein altes Foto: verblasst, die Figuren und Gegenstände ineinanderfließend, Hintergrund und Vordergrund nur schwer unterscheidbar, die Ränder weich, sehr flach geworden, an einer Stelle schon leicht eingerissen. Aber das Bild ist noch da, gewinnt neue Konturen beim Betrachten, lässt sich Punkt für Punkt zusammensetzen.

Ein Name gehört dazu: ein Ruf, der das Leben in der Familie völlig durcheinanderbrachte. Irgendwer war zur Eingangstür gegangen, weil es klingelte. Er hatte den Knopf für den Öffner an der Haustür drei Etagen tiefer gedrückt, war aus der Wohnung in den Flur getreten, hatte hinuntergeschaut ins weitläufige Treppenhaus und es alsbald erkannt. Eine schwarze Gestalt mit rudernden Bewegungen, ein Ungetüm an Umfang und Proportion. Aber auch ein Energiebündel von unvergleichlichem Tatendrang, eine Hand am Geländer, um die Vorwärtsbewegung zu beschleunigen, in der anderen eine unförmige Tasche und ein unförmiger Schirm – ja, ein Schirm, auch wenn es unter keinen Umständen regnen würde. Das konnte nur ein Wesen sein, dessen Auftritt alle Arbeit beendete, das Familienleben unweigerlich für Stunden lahmlegte. Das war Änne, Tante Änne. Jeder hätte sie dort unten entdeckt, niemand in der Familie sie übersehen. Auch nicht wir Kinder, als wir gerade erst zur Schule gingen. Und jeder reagierte auf gleiche Weise. Drehte sich jählings um, war mit ein, zwei Sätzen im Flur der

Wohnung. Und gab es in einem Ton der Verzweiflung wieder, den alle anderen Familienmitglieder auch dann identifiziert hätten, wenn sie den Namen, vielleicht eines anderen Geräusches wegen, nicht verstehen konnten.

Was folgte, glich einem Ballett. Niemanden hielt es auf seinem Platz. Wer saß, sprang auf, wer stand, setzte sich in Bewegung. Jegliche Tätigkeiten wurden beendet, ein Abtrockentuch mehr weggeworfen als weggelegt, der dazugehörige Teller oder Löffel notdürftig verstaut. Mutter riss sich die Schürze ab, man prüfte seine Kleidung auf irgendeine Unordentlichkeit, während alle Möglichkeiten der Flucht bedacht und verworfen wurden. Hektik machte sich breit, Bewegungen ergaben sich, wie man sie von Fliegen kennt, die im unaufhörlichen Zickzack ihre Bahn ziehen, ohne irgendetwas damit zu erreichen. Kommandos ertönten dazwischen, sinnlose Versuche, binnen weniger Augenblicke Vorbereitungen zu treffen für Maßnahmen, die nur ins Leere gehen konnten, wenn sie nicht eher Schaden anrichteten. Ein Teller war einmal entzweigegangen, ein Stuhl so unglücklich umgestoßen worden, dass das ohnehin wacklige Bein endgültig aus dem Leim ging.

Und dann – wie ein Wunder – die neuerliche Verwandlung der Szene: die augenblickliche Erstarrung zum Empfangskomitee, wenn die schwarze Gestalt da war und mit hörbarem Schnaufen die Wohnung betrat. Tante Änne legte Wert auf Formen, wie sie überhaupt auf so vieles Wert legte, was uns Kindern rätselhaft erschien. Als Erstes aber gehörte dieses Erstarren dazu, die Begrüßung in Ruhe, der Auftritt der Familie als ein Historiengemälde. Was womöglich Würde signalisieren sollte, stellte in Wirklichkeit nur eine Beschwichtigungs-, wenn nicht Unterwerfungsgeste dar. *Sieh nur, wir sind für dich gerüstet, du findest uns bereit für dein Kommen.* So wie Weihnachten der Advent vorangeht oder

Ostern die lange Fastenzeit, die damals noch mit allerlei Verzicht verbunden war.

Seltsamerweise fehlt mir jede Erinnerung daran, was wer zur Begrüßung sagte. Nicht einmal, ob Tante Änne oder Mutter zuerst sprach. Wir Kinder gewiss nicht. In der Erinnerung gibt es immer nur diesen Auftritt, diesen Aufzug, die große schwarze Kugel, die der ansonsten quicklebendigen Familie jede eigenständige Regung nahm, sie in eine graue Front von Untergebenen verwandelte. Ich sehe auch noch das Blitzen der Augen von Tante Änne, das unnatürliche Lächeln, mit dem die Begrüßung beendet wurde. Und ich sehe die nächste Szene vor mir, die unweigerlich folgte: Tante Ännes zielsicheres Streben zum großen Küchentisch, an dessen Front sie dem Fenster gegenüber Platz nahm, um sofort mit dem Reden zu beginnen. Denn nun kam der eigentliche Auftritt, das Ziel des Besuches. Nach der Ouvertüre endlose Akte von endloser Länge mit einer einzigen Hauptperson und unserer Mutter als Opfer, als sprachloses Opfer, überwältigt von diesem ungeheuren Schwall in einer uns fremden Klanglichkeit, die irgendwie an Metall erinnerte. Ein scharfes Einsetzen neuer Sinnabschnitte, eine Tonlage ohne jede Melodie, stattdessen in unaufhörlichem Pathos. In einem Orchester würde man von Tutti sprechen: schneidende Geigen, Bläser in hoher Lage, eine grundierende Pauke. Crescendo und Decrescendo gab es nur auf hohem, ja höchstem Niveau, keine Terrassendynamik wie im barocken Concerto grosso, wo dem Tutti die Solisten folgen und umgekehrt. Längst waren wir Kinder entwichen, hörten es trotzdem in jedem Zimmer, an jedem Punkt der wohl hundert Quadratmeter großen Wohnung, es sei denn, es gab außer Haus etwas wirklich Dringendes zu erledigen. Spielen reichte auf keinen Fall als Entschuldigung.

Dabei sind mir Themen in Erinnerung geblieben. Habe

ich dabeigesessen oder es durch eine Wand hindurch gehört? Tante Ännes Leidenschaft war die Gesundheit, besser gesagt: die Vorsorge gegen Krankheit. Zutiefst war sie davon überzeugt, dass die Menschheit dem Verfall ausgeliefert sei, ja dass das Ende feststehe. Falsche Ernährung war der Hauptgrund, der Tee in tausend Varianten das tiefe Geheimnis des Überlebens. Noch heute fallen mir die Namen der Pflanzen ein, von denen ich ansonsten nichts weiß, nicht einmal in gröbsten Umrissen die Gestalt kenne: der Huflattich und das Labkraut, der Bärlapp und die Schafgarbe, das Zinnkraut, die Pestwurz, die Ringelblume, das Schöllkraut, die Wegmalve und so weiter und so fort. Vom Labkraut ist mir noch vertraut, dass es die Nieren – o ja: die Nieren, als Kind stellte ich mir sie als irgendetwas am Körper von Frauen Haftendes vor, das man unter der Kleidung nicht sieht, so wie die Brüste –, die Nieren also reinigt, Seitenstechen beseitigt. Das Schöllkraut sollte blutbildend wirken, Leuten mit bleichen Gesichtern helfen, worüber ich triumphierte, weil ich immer rote Backen hatte.

Auch sonst erschienen mir die Kräuter nicht sonderlich wichtig, weil sie gegen Krankheiten halfen, die ich nicht einmal kannte. Wozu Wegmalve für geschwollene Füße? Und von Krebs oder gar Kehlkopfkrebs machte ich mir nur die abstrusesten Vorstellungen. Ein solches Tier im Körper? Mit Scheren, die bissen oder kniffen, und außerdem immer rückwärts gehend? Von Mutter wusste ich, dass auch sie unter all dem nur eines gelten ließ: die Schwedenkräuter, mit denen sie uns bei Erkältungen traktierte. Aber Mutter konnte ohnehin bei Tante Änne kaum viel Gnade gefunden haben. Dass einmal eine Tasse zu Bruch gegangen war, hatte seinen Grund in nichts anderem als darin, dass sie gerade Kaffee trank – das unseligste aller Getränke in den Augen unserer Zuchtmeisterin. Wenn man einmal vom Alkohol absieht, der bei uns freilich nicht nur tagsüber, sondern sogar abends als tabu galt, sofern es sich nicht um Feste oder wenigstens den Sonntag handelte. Aber auch Tee war bei uns selten. Es gab ihn, wenn jemand Bauchweh hatte, als Kamillentee, der hinuntergeschluckt wurde bei zugehaltener Nase.

Die damals neueste Leidenschaft von Tante Änne aber waren Atomkraftwerke. Es müssen ihre letzten Besuche gewesen sein, auf denen sie vor den Gefahren warnte und dabei einfließen ließ, dass sie dabei sei, sich in die Schweiz zurückzuziehen, wo man Elektrizität weiterhin mit Wasserkraft erzeugen wolle. Unter Atom habe ich mir noch jahrelang später etwas Ausdünstendes vorgestellt, dickste Betonmauern durchdringend, sich in der Luft ausbreitend und alles Land nach und nach mit seinem pestilenzialischen Atem verseuchend. Ja, ich muss in diesem Fall wenigstens kurzfristig dabei gewesen sein, danebengesessen haben, denn mir sind die weit aufgerissenen Augen in Erinnerung, mit denen Tante Änne ihre Endzeiterwartungen begleitete. Der atomare Untergang – *nein, keine Bombe, die ist gar nicht nötig* – komme noch schneller als die Auszehrung des Körpers durch Kaffee und Alkohol. Deutschland ein untergehendes Land, das Wirtschaftswunder ein reines Ablenkungsmanöver. Vielleicht nur das Trugbild, das den Wahnsinn verbergen sollte, um desto ungehemmter sein Unwesen zu treiben. *Ihr wollt hier bleiben? Die Kinder langsam dahinsiechen lassen? Hat der Kleinste nicht schon Husten, auch ohne Kälte oder Nässe? Fehlt es dem Bruder nicht an Appetit? Und die Tochter: Was soll einmal bei einer Schwangerschaft werden? Wie kann ein Kind aussehen, das in atomgeschwängerter Luft zur Welt kommt?*

Immer bleibt etwas hängen, sagt man. Wie sollte es bei Tante Ännes apokalyptischen Reden anders sein? Wir waren später überrascht, als wir vom Waldsterben hörten, als die Grünen in der Politik auftraten, als jede Zeitung über die Gesundheit und ihre Gefährdungen berichtete. Tante Änne – sie war schon lange nicht mehr gekommen, eine Anzeige aus der Schweiz unterrichtete uns irgendwann von ihrem Tod – war eine Prophetin gewesen. Nicht, was den Untergang betraf, aber in allen anderen Punkten schon. Während in unserer Umgebung, im Freundes- wie im Bekanntenkreis, immer wieder einmal das Thema aufflackerte – *Habt ihr schon das Neueste gehört?* –, konnten wir abwinken. *Ach ja, wir wissen Bescheid! Tee, Waldsterben, Atomkraftwerke. Natürlich, es ist etwas dran, aber das geht doch schon lange so, schon sehr lange.* Und dann die Antwort: *Wie? Es ist doch gerade erst gemeldet worden!* Darauf bei uns ein verzweifeltes: *O Gott, gerade erst? Da hättet ihr unsere Tante Änne einmal vor mindestens zehn Jahren hören sollen!*

Hören! Genau da lag das Problem. Nein, nicht damals, als sie noch kam. Da war anderes nicht denkbar. Aber später habe ich mich doch gefragt, wie diese Schräglage entstanden sein konnte. Dieses Abtrainieren jeder Gegenwehr. Diese Apotheose des Alleinsprechens. Eine Siegerfigur oder ein Gesellschaftsdrache? Eine Naturbegabung oder ein Zufallsprodukt? Nie war ich mir sicher. Auch nicht angesichts der vielen Kopien – fürs Klonen war es zu spät –, die mir noch begegnen sollten. Ich dachte, man sollte es einmal genauer untersuchen. Ein Phänomen im gesellschaftlichen Leben, um das sich keiner kümmert (bei »Wikipedia« gibt es zum Stichwort *Schwätzer* den Aufruf, jemand möge einen Artikel schreiben). Damit ist nun Schluss. Hier liegt sie vor, die Untersuchung über Tante Änne sowie ihre Brüder und Schwestern. Meine eigenen Lehren habe ich gezogen. Tante Änne ist mir kein Rätsel mehr. Aber ich will nichts vorwegnehmen.

Erstes Kapitel

Begriffliche Fingerübungen

Der allzu mehrdeutige Schwätzer

Ich muss es zugeben, der Titel dieses Buches ist ein Problem. Ich mag die deutsche Sprache, kenne mich nur in ihr wirklich aus und muss feststellen, dass sie mich zum ersten Mal beinahe im Stich lässt, jedenfalls vor kaum lösbare Probleme stellt. Ich muss Tante Änne eine *Schwätzerin* nennen oder ohne feministische Verbeugung einen *Schwätzer.* Aber *Schwätzerin* oder *Schwätzer* ist nicht wirklich das, was ich meine. *Schwätzer* ist mir im Grunde zu negativ, zu moralisierend. In *Schwätzer* schwingt bei mir etwas in der Art von Dummkopf mit, *Schwätzer* sind irgendwie *Dummschwätzer. Dummschwätzer* gibt es auch, aber damit mögen sich andere beschäftigen. Tante Änne war jedenfalls alles andere als ein *Dummschwätzer* oder eine *Dummschwätzerin,* sie *schwätzte* nur.

Eben. Schon da liegt das Problem. *Sie schwätzte nur.* Kann man das: *schwätzen* ohne Nebenbedeutung? Ich meine, nein. Irgendetwas, was man nicht meint, schwingt mit. Was sie wirklich tat, lässt sich dagegen durchaus klar sagen: *Sie redete ununterbrochen.* Aber noch viel weniger als *Schwätzerin* kann man daraus eine *Rednerin* machen. Und eine *Ununterbrochenrednerin* gibt es nicht. Da beginnt die Notlage. Ich weiß, was Tante Änne war, und kann es nicht richtig ausdrücken. Jedenfalls nicht so, dass mich jeder versteht. Bezeichne ich sie als *Schwätzerin,* fassen das die meisten falsch auf. Bezeichne ich sie als *Schwätzerin, die eigent-*

lich nicht schwätzt, sondern nur redet, wird sich jeder fragen, ob ich noch bei Trost bin. Was kann man da machen? Ich habe es einmal mit Lexika versucht und nicht geahnt, dass mich das erstens einige Stunden kosten und zweitens die Notlage noch steigern sollte. Aber der Leser wird mich nach dem Bericht besser verstehen.

Es ist klar, wo die Suche beginnt. Ich muss das Verb *schwätzen* unter die Lupe nehmen, nachsehen, was sich alles aus ihm herauspressen lässt. Und dabei geht einem sehr schnell die merkwürdige Mehrdeutigkeit auf. Es gibt den Unterton, der in *ein Schwätzchen (halten)* vorkommt, und den bei *Geschwätz.* Niemand hat etwas gegen ein *Schwätzchen,* jeder aber etwas gegen *Geschwätz.* So viel ist völlig klar. Aber woher kommt dann der *Schwätzer*? Vom *Schwätzchen* oder vom *Geschwätz*? Oder gibt es am Ende einen doppelten *Schwätzer* so wie das berühmte doppelte Lottchen? Einen lieben und einen bösen (also doch nicht wie beim doppelten Lottchen, die waren beide lieb). Na gut, denke ich, ich will ja einen guten Schwätzer, einen Schwätzer, der nur redet: viel, aber keinen Unsinn. Mein Schwätzer kommt also vom *Schwätzchen.* Nur: Woher sollen das meine Mitmenschen wissen? Also, so geht es nicht. Wenn meine Mitmenschen beim *Schwätzer* partout das *Geschwätz* mithören, kann ich nicht jemanden einen *Schwätzer* nennen, der nur ein *Schwätzchen* hält.

Ein *Schwätzchen*? Das nächste Problem. Das meine ich nämlich auch nicht. Ein *Schwätzchen* ist genau das, wovon ich träume. Tante Änne kommt zu meiner Mutter auf ein *Schwätzchen.* Das hat sie niemals getan. Sie kam nicht auf ein *Schwätzchen,* zu dem doch immer zwei gehören, die zusammen *schwätzen,* und sie hat auch kein *Geschwätz* abgeliefert. Warnungen vor Atomkraftwerken waren und sind schließlich kein *Geschwätz.* Tante Änne hat nur niemanden zu Wort kommen lassen. Eben. Und dafür gibt es im Deutschen kein Wort. Jedenfalls kein Wort, in dem irgendwie *schwätzen* vorkommt.

Synonyme fürs Schwätzen

Also suche ich nach Alternativen, was bei der Sprache heißt: nach Synonymen. Nach Wörtern, die dasselbe anders bezeichnen, was zwar nicht möglich ist, aber in der Schule trotzdem gelehrt wird (nur in Klammern: Synonyme in der Sprache sind das, was Autos auf der Straße sind. Ein Mercedes ist ein Synonym von einem VW. Der Gedanke genügt, um jedenfalls jeden Mercedes-Fahrer auf die Palme zu bringen). Das nächstliegende Synonym zu *schwätzen* ist *schwatzen*. Eigentlich kein Synonym, denn *schwätzen* und *schwatzen* sind ein und dasselbe Verb, einmal mit, einmal ohne Umlaut geschrieben. So etwas passiert eben in der Sprache, wenn in einer Gegend die Menschen mundfaul sind und keine Lust haben, Umlaute zu sprechen, nur weil andere das schön finden. So sagt man im Süden: er ist *gerennt* und nicht *gerannt*, was im Grunde auch praktischer ist, weil *gerennt* viel besser zu *rennen* passt und die armen Fremdsprachler nicht zwingt, sich zwei Formen zu merken. *Gerennt* und *gerannt* sind nun wirklich keine Beispiele für Synonyme, sondern belegen im Gegenteil, dass Wörter, die sich nur durch den Umlaut (*e* ist genauso ein Umlaut von *a* wie *ä*) unterscheiden, überhaupt nicht unterscheiden. Wer anderes behauptet, kann sich höchstens auf die Psychologie der Rennenden beziehen, etwa darauf, dass im Süden *rennen* ist, was im Norden nur *laufen* meint. Aber das ist etwas völlig anderes.

Nur passt all dies ohnehin nicht auf *schwätzen* und

schwatzen. Klar, dass das ein und dasselbe Wort ist, aber klar auch, dass sich daraus irgendwie hinterher zwei Bedeutungen ergeben haben (also doch Synonyme). Es geht schon damit los, dass es *Schwätzer* gibt, aber keine *Schwatzer*. Es gibt *schwatzhaft,* aber nicht *schwätzhaft.* Und man würde nie und nimmer von einer *Schwätzbase* reden, sondern nur von einer *Schwatzbase.* Na gut, unterschiedliche Wörter, aber nur unterschiedlich in der Verwendung, nicht in der Bedeutung. Eine *Schwatzbase schwätzt* und ein *schwatzhafter* Mensch *schwätzt* ebenfalls. Wo soll da der Unterschied liegen? Doch, es gibt ihn, finde ich, sogar sehr deutlich. Der Unterschied liegt in der Verteilung der Sympathie. Die Formen ohne Umlaut sind irgendwie sympathischer. Jemand ist *schwatzhaft,* ist bekannt für seine *Schwatzhaftigkeit* – nicht gerade löblich, aber auch nicht so boshaft wie beim *Schwätzer* und *Geschwätz.* Es ist eigentlich mein ideales Wort. Ich suche ja einen Schwätzer, der nur schwätzt und nicht auch noch dumm, dreist oder sonstwie auffällig ist. Aber dann kommt die große Enttäuschung. *Schwatzen* gibt es nur als Verb oder als Adjektiv, als *schwatzen* oder als *schwatzhaft,* und wenn als Substantiv, dann nur in Zusammensetzungen wie *Schwatzbase.* Es gibt eben keinen *Schwatzer.* Ausrufezeichen! Eine große Pleite in der deutschen Sprache. Das ideale Wort ist gefunden, aber es existiert nicht. Einführen? Unmöglich. Erfinder künstlicher Wörter waren nie erfolgreich. Als man im 17. Jahrhundert die französische *Pistole* durch *Meuchelpuffer* zu ersetzen suchte und das lateinische *Kloster* durch *Jungfernzwinger,* gab es (mit Recht) nur Gelächter. Und *Schwatzer?* Nur, weil jemand wie ich *Schwätzer* zu moralisch findet? Nein, wirklich nein.

Aber man hat ja gelernt, in hoffnungslosen Situationen nicht aufzugeben, sondern nach Alternativen zu suchen. Also auf, zu neuen Synonymen. Es gibt sie in Menge. Als Verben habe ich gefunden: *plaudern, klatschen, plappern, quasseln, herumreden, niederreden, niederschreien, fertigmachen, zerreden, labern, schwafeln*. Und dann eine Reihe von Zusammensetzungen wie *dummes Zeug reden, sich den Mund fusselig reden, sein Herz ausschütten* und so fort. Was mich zuerst irritierte, klingt harmlos. Zu *schwätzen* gibt es den *Schwätzer*, aber zu *schwatzen* kaum einen *Schwatzer*. Na, wennschon! Aber wenn man nachdenkt, verschlimmert sich das Problem. Was unterscheidet eigentlich *schwätzen* von *schwatzen*? *Schwatzen* steht irgendwie dem *Schwätzchen* näher. Aber ich lasse das Problem erst einmal beiseite und zähle die angeblich synonymen Substantive auf, zuerst für Schwätzer: *Plauderer, Plapperer, Klatschbase, Laberkopf, Labersack, Plapperkopf, Plappermaul, Quasselstrippe, Quatschkopf, Ratscher, Sabbermaul, Salbader, Schlabberer, Schlabberjahn, Schnaker, Schnepperer, Schwabbeler, Schwabbelhans, Schwappelpeter, Schwafler, Tratscher, Wäscher, Waschweib, Windbeutel, Zungendrescher*. Weiter zum Geschwätz: *Gerede, Gewäsch, Geplauder, Getratsche*. Und schließlich Adjektive und Adverbien: *plauderhaft, klatschhaft, redselig, gesprächig*. Auf Dialekte gehe ich nicht ein, weil es sonst uferlos wird (und nenne stellvertretend nur den schönen kölschen *Schwadlappen*). Ist was dabei, was uns rettet?

Die Antwort lautet: kaum. Das meiste klingt zu altmodisch, man spürt bei den Wörtern förmlich den Verwesungsgeruch. *Plapperer?* So etwas sagt man allenfalls noch bei Kleinkindern. Die plappern ja wirklich. Bei *Schlabberjahn* hört man das Stöhnen der Zuhörer unter dreißig, aber auch bei den meisten darüber. *Tratschen* ginge vielleicht noch, aber *Tratscher* klingt schon reichlich komisch (gerade erscheint in meinem PC-Programm die rote Unterschlängelung für unbekannte Wörter). Nein, man muss schon sagen, dass die Sprecher des Deutschen in den letzten Jahrhunderten und Jahrzehnten ganze Arbeit geleistet haben. Fast alle Synonyme sind verschwunden (gewissermaßen doch wie bei den Autos, die im Windkanal immer gleicher werden und sich nur noch durch Sterne und sonstige kabbalistische Zeichen unterscheiden). Geblieben ist der *Schwätzer*, der mit seinem *geschwätzigen Geschwätz schwätzt.* Selbst bei der *schwatzhaften* Dame habe ich Bedenken. Sie ist besser als eine *geschwätzige*, aber irgendwie auch in die Jahre gekommen. Und beim *Klatsch* funktioniert eigentlich nur noch der *Kaffeeklatsch* (warum gibt es eigentlich keinen *Teeklatsch*?). Das Ergebnis ist alles andere als ermutigend, es ist regelrecht niederschmetternd. Ich finde keinen Schwätzer, der nur schwätzt. Die deutsche Sprache hat vielleicht nie einen besessen, sondern immer diesen eigenartigen Unterton hineingebracht. Eine der wichtigsten Störungen im Bereich des Kommunizierens ist im Deutschen schlicht namenlos, kann nur mit umständlichen Umschreibungen, Einschränkungen, Vorwarnungen benannt werden. Fragen wir uns, ob das in anderen Sprachen auch so ist. Es wäre immerhin ein Trost. Und bereiten wir uns darauf vor, dass tatsächlich die Erlösung auf uns wartet, allerdings anders, als man denkt.

Das Zeugnis der alten Sprachen

Wie jeder, der Probleme mit europäischer Dimension radikal, also an ihrer Wurzel anzupacken sucht, beginne ich mit den antiken Sprachen. Sogleich im Griechischen, der Sprache Homers oder Platons, gibt es eine Überraschung. Zunächst einmal bietet das Lexikon für *schwätzen* zwei Wörter, die beide seit Beginn der klassischen Zeit belegt sind. Das eine ist das Verb *adolescheo* (*adoles-cheo* gesprochen, Betonung auf dem zweiten *e*), mit seinen Ableitungen für *Schwätzer* und *Geschwätz*. Das andere Verb lautet *laleo* (Betonung wieder auf dem *e*), ebenfalls mit seinen Ableitungen. Man hört wohl auch ohne Griechischkenntnisse, wo der Hase im Pfeffer liegt: *Laleo* ist lautmalerisch so wie unser *lallen*. Es gibt also einen lallenden Schwätzer im Griechischen, was irgendwie auf einen Betrunkenen, also einen Dummschwätzer, hindeutet. Leider können sich auch die Experten auf *adolescheo* keinen rechten Reim machen. Aber es spricht einiges dafür, dass damit mehr der Dauerredner gemeint ist, mit dem Laller mehr der Dummschwätzer. Jedenfalls hat ein Komödiendichter Sokrates als einen *adolesches* bezeichnet. Nett, diese gebildeten Griechen, die vor nichts Angst hatten. Aber es könnte sein, dass sie tatsächlich unser Problem erkannten und lösten. Ähnliches gilt für die Römer.

Als Männern der Tat traut man ihnen feinere sprachliche Unterschiede vielleicht nicht zu. Aber das täuscht. Die Römer hatten sogar mehr Bezeichnungen für den Schwätzer als die Griechen. Schwatzhaft, geschwätzig heißt zunächst einmal *garrulus*. Angeblich soll das Wort mit griechisch *geryo* für singen, sprechen zusammenhängen und auf die eine oder andere Weise lautmalerisch sein. Das kann man gut glauben. *Garrulus*! Bei gerolltem *R* sieht oder besser hört man das Geschwätz förmlich auf sich zurollen. *Garrire* heißt dann schwätzen, *garritus* ist das Geschwätz, *garro* der Schwätzer, *garrulitas* die Schwatzhaftigkeit, Plapperhaftigkeit. Wenn man den Belegen trauen kann, die sich nach zwei Jahrtausenden noch prüfen lassen, ist tatsächlich genau das gemeint, was wir händeringend suchen: das moralisch indifferente Dauerreden. Natürlich kannten die Römer noch nicht den Feminismus und taten das Adjektiv mit *anus* zusammen, was in diesem Fall nicht das meint, was jetzt jeder Fremdwortfeste denkt, sondern nur alte Frau. Eine *garrula anus* ist also eine geschwätzige Alte, während man (jedenfalls ein großer Dichter wie Phaedrus) einen geschwätzigen Mann als *delirus senex* bezeichnete, also wörtlich einen delirierenden Alten. Dabei war die Anwendung des Wortes durchaus breit. Die Römer übertrugen die Geschwätzigkeit zum Beispiel auf den Bach und gewannen damit so herrliche Metaphern wie den rieselnden oder murmelnden oder eben geschwätzigen. Die böse Variante, also die Kombination von dauernd und dumm, musste offenbar eigens angezeigt werden: als *nugas garrire* im Sinne von läppisches Zeug reden. Wofür es auch das eigenständige Verb *nugari* und das Substantiv *nugator* gibt.

Also auch die Römer hatten das Problem irgendwie erkannt. Es gibt die Dauerredner und die Dummschwätzer. Als zivilisiertem Volk genügten ihnen schon die Dauerredner als Horrorerscheinung. Und für sie gibt es weitere Bezeichnungen: den *homo loquax* zum Beispiel, der sich in unseren Ohren nach Quacksalber anhört, was aber nur ein Zufall ist (*loquax* stammt schlicht von *loqui* ab, was reden bedeutet). Mehr oder weniger lautmalerisch erscheint daneben *blaterare* als plappern. Und für das Schwatzen steht schließlich noch das *confabulari*, das Geschichtenerzählen in Gesellschaft. Aber wie sollten wir auf diese lateinischen Wörter zurückgreifen, auf *garrire, garrulus, garro* insbesondere? Nicht die geringste Chance. Während der schlichteste Deutsche das *Fenster* im Grunde wie die Römer benennt, die bekanntlich *fenestra* sagten, können wir den lateinischen *garrulus* nicht recyclen, nicht klonen oder auf sonst eine Weise wiederbeleben. Zu weit weg, zu unbekannt, einfach ausgestorben. Nicht einmal die Franzosen, die als Gallier viel mehr Latein in ihrer Sprache besitzen als wir arme Germanenabkömmlinge, kennen *garrire, garrulus, garro.* Noch schlimmer: Selbst die Italiener haben diese Abkunft schnöde verraten. Gehen wir einmal die Gepflogenheiten unserer Nachbarn durch.

Schwätzen im Französischen und Italienischen

Was sagen die Franzosen? Das Lexikon bietet mir sieben Möglichkeiten für Schwätzer an, was nicht gerade wenig ist: *babillard, baratineur, bavard(e), cancanier, discoureur, jaseur, radoteur.* Davon sind dann die Verben *babiller, bavarder sur, jaser* abgeleitet, aber es gibt auch noch *causer* und *papoter* (*causer* für schwätzen, *papoter* für schwatzen – falls das wirklich stimmt, was ich bezweifle, weil nicht einmal die Deutschen selbst diese Alternativen sicher unterscheiden). Für geschwätzig gibt es *bavard(e),* für Geschwätz *babil, conneries,* aber auch noch *cancan,* wovon ich immer dachte, dass damit nur der berühmte Tanz gemeint ist, mit dem Jacques Offenbach unsterblich wurde. Am sympathischsten finde ich unter diesen Wörtern den *babillard,* weil er so schön lautmalerisch ist. Man hört ein Baby babbeln (der französische Schwätzer wäre so gesehen ein großes Baby – nett), erfährt aber auch, dass sein Gebrauch eher selten geworden sein soll. Aber was ist denn nun der gebräuchlichste Ausdruck für den Schwätzer? Offenbar *bavard.* Und dann finde ich noch, dass die Franzosen einen *bavard intarissable* kennen, einen fürchterlichen Schwätzer, und einen *bavard incorrigible,* einen unverbesserlichen Schwätzer. Chapeau! Die Franzosen sind eben ein echtes Kulturvolk. Sie unterscheiden den Schwätzer, der nur schwätzt, und den Dummschwätzer. Ich bin neidisch. Aber es gibt keinen Anlass zur Freude im Bezug auf mein Problem. Schön, dass die Franzosen es richtig machen. Aber was haben wir davon? Soll ich künftig von *Babblern* oder *Babbelern* sprechen? Geht nicht, geht überhaupt nicht. Wir haben an den Franzosen nur ein schönes Vorbild für die Richtung. Aber ihr Wort ist nicht integrierbar. Also schaue ich mich bei den Italienern um.

Diesmal bietet mir das Lexikon fünf Wörter für Schwätzer an: *il pettegolo, il paroleio, l'attaccabottoni, il ciarlone, il chiacchierone*. Eigenartigerweise existiert nur von *il chiacchierone* eine Verbableitung, nämlich *chiacchierare*. Ansonsten lese ich für schwätzen: *cianciare, blaterare, starnazzare*. Da steh ich nun, ich armer Tor, und verstehe eigentlich nur *il parolaio*, was ja wohl so viel wie der Wortheld oder vielleicht Phrasendrescher bedeutet. Zu *pettegolo* finde ich keinen Hinweis auf die Verwandtschaft mit irgendetwas Naheliegendem. *Petto* ist der Busen und *pettinare* heißt kämmen. Weiß der Teufel, worauf *pettegolo* anspielt. Und dann kommt es noch dicker. Für dummes Zeug schwätzen finde ich ein ganz neues Wort: *ragionare con i piedi*, was wörtlich bedeutet: mit den Füßen sprechen. Donnerwetter! Darauf wäre ich nicht gekommen. Die Italiener, die für mich immer das Volk gewesen sind, das mehr als mit dem Mund mit den Händen redet, erfinden den fußsprechenden Schwätzer. Daneben gibt es noch das Bild von demjenigen, der den Kopf des anderen ramponiert: *riempire la testa di chiacchiere a qualcuno*. Auch schön. Aber noch viel besser kommt mir *attaccare un bottone a qualcuno* vor: jemandem ein Ohr abschwätzen. Das Schwätzen wird hier von *attacare* übernommen, die Rede ist also von einer Attacke auf das Ohr. Das gefällt mir. Das ist ein Bild, wie es nur einem Italiener einfällt. Voller Poesie, voller Schmerz. Man spürt förmlich, wie man leidet, wenn man einem Schwätzer in die Hände fällt, ich meine natürlich: einem Schwätzer, der nur schwätzt.

Ach so! Also nicht nur die Franzosen, auch die Italiener

kennen mein Problem. Aber dann wiederum die niederschmetternde Erkenntnis: nicht beerbbar. Was sollen wir mit einem *pettegolo,* wenn nicht einmal die Italiener wirklich wissen, was das bedeutet? Und ein *chiacchierone,* das auch irgendwie undurchsichtig ist, höchstens ein bisschen lautmalerisch. Nein, auch die italienische Sprache scheidet als Vorbild aus. Schön, aber unbrauchbar.

Nähe und Ferne beim Schwätzen

Ehe ich zu weiteren Sprachen komme, eine kurze Zwischenbemerkung. Ich muss mich beschränken, wobei ich mit meiner Auswahl keinerlei Bewertung verbinde. Ich verstehe einfach zu wenig von weiteren Sprachen. Aber ich möchte wenigstens noch zwei besonders einschlägige Fälle heranziehen: das Niederländische als eine uns besonders nahe Sprache und das Japanische als eine besonders ferne. Zunächst also zum Niederländischen.

Wir Deutsche gelten dort nicht ganz ohne Recht als hochnäsig, weil wir in den Niederländern immer nur so etwas wie einen Juniorpartner sehen: eigentlich zu klein für eine ernsthafte Beschäftigung. Natürlich Unsinn. Eher müsste man sagen: Das Niederländische steht uns zu nahe, was ja sprachlich wirklich stimmt, wo es einmal mit dem Niederdeutschen zu einer gemeinsamen Sprachfamilie zählte. Erwartungsgemäß gibt es auch nicht viel Hilfe. Die Niederländer haben unseren Schwätzer als *zwetser,* scheinen das Wort aber kaum noch zu benutzen. Und sie haben unser klatschen, Klatsch in ein paar interessanten Formen: als *kletslous, kletsmeier, kletsmajoor,* Letzteres besonders häufig gebraucht, wie ich höre. Hübsch. Klatschmeier, könnte man sich auch bei uns vorstellen (Entschuldigungen bei allen Lesern, die Meier heißen). Aber wie gesagt: Zu nahe, deshalb nicht wirklich hilfreich. An den Niederländern liegt dies nicht.

Und wenn man umgekehrt einmal wirklich in die Ferne schweift? Was sagen zum Beispiel die Japaner? Das japanisch-deutsche Ehepaar, das ich gefragt habe – übrigens beide promovierte Philosophen –, hat mich überrascht. Ich dachte eigentlich, dass das Problem im Japanischen überhaupt nicht existiert, weil Japaner extrem höflich sind. Aber siehe da: Es gibt allein vier Wörter für den gewöhnlichen Schwätzer, dann eines für den Schwätzer, der Geheimnisse leicht weitergibt, ein ironisches Wort, das guter Redner bedeutet, aber Quasselstrippe meint, und schließlich elf Wörter für den Vielredner. Alle Achtung! Und all dies schriftlich wiedergegeben in den berühmten Kanji-Zeichen, die uns immer wie Spinnentiere aus längst vergangenen Welten vorkommen.

Auch darüber habe ich mich aufklären lassen. Der *Schwätzer, der Geheimnisse leicht weitergibt,* besteht aus zwei dieser Zeichen: einem für *Mund,* das auch fast wie ein (jedenfalls weit aufgerissener) Mund aussieht, und eines für *leicht* (*kuchi-garu*). Der Mund, also *kuchi,* kommt dann immer wieder vor – natürlich. Aber wie die Japaner all die anderen Zusammensetzungen verstehen, erscheint dem armen Europäer doch einigermaßen rätselhaft. Beim Vielredner werden zum Beispiel einmal das Zeichen für *Gift* (super!), dann das für *Zunge* und schließlich eines für *Wer in einem bestimmten Bereich einer der Besten ist* kombiniert (*doku-zetsu-ka*). Der Mund kann aber auch mit den Zeichen für *raffiniert, sehr gut, geschickt* sowie *man* aneinandergekettet werden (*kuchi-go-sha*). Und so weiter. Weil der Leser kaum noch einmal in seinem Leben mit diesen Wörtern konfrontiert werden dürfte, stelle ich sie hier zusammen. Der Schwätzer heißt auf Japanisch also *oshaberi, kuchijozu, yakamashiya* oder *kuchitassha*. Der Vielredner heißt *benshi, dokuzetsuka, kuchigosha, hanashijozu, nobenka, yubenka, tatsuben, taben, jozetsu, kuchimame* oder *katsusetsu*. Das ironische Wort war *dokuzetsuka*.

Auch eine Methode, das Problem zu lösen. Nur nichts für mich, der ich auf Suche nach Vorbildern fürs Deutsche bin. Aber wie hätten uns die Japaner helfen sollen, selbst wenn sie könnten? Japanisch ist eine viel zu fremde und viel zu schwere Sprache, vor allem, wenn es geschrieben wird. Also lande ich endlich da, wo ich sowieso hinwollte, nachdem ich wahrscheinlich bislang nur meine und des Lesers Zeit mit hoffnungslosen Versuchen vertrödelt habe. Aber wir wissen jetzt wenigstens, wo das Problem liegt. Und das ist immer gut.

Die englische Vielfalt

Was gibt es im Englischen? Die erste Antwort lautet: unglaublich viel, mindestens sechzehn Bezeichnungen für den Schwätzer. Daraus zu folgern, dass wir vielleicht bei der geschwätzigsten Nation überhaupt gelandet sind, wäre jedoch mehr als voreilig. Das englische Vokabular ist bekanntlich auch sonst reich an Wörtern und besonders an Synonymen. Das hängt mit dem ehemaligen Weltreich zusammen. Wer hat schon sprachliche Zufuhr über Jahrhunderte hinweg aus allen Himmelsrichtungen erfahren? Ich zähle zunächst einmal bloß auf und beginne mit dem Schwätzer: *babbler, blabber, blatherskite, cackler, chatterer, gabber, gabbler, gossiper, jawsmith, prater, rattler, talebearer, talker, tattler, tattletate, windbag*. Als Verben gibt das Lexikon an: *to chat, to gabble, to prate, to twaddle, to mounder, to babble, to blab, to chatter, to gossip, to palaver, to twaddle.* Du meine Güte! Aber gehen wir systematisch vor.

Das Alphabet spült uns rein zufällig als erstes Wort für den Schwätzer dasjenige zu, was auch die Franzosen benutzen: *babbler* wie *babillard,* beides vom kindlichen Plappern, also die reine Lautmalerei. Dass es den *blabber* mit bloß umgestellter erster Silbe gibt, ist reiner Luxus oder hat irgendwie mit dem Hören zu tun. Die einen hören eben plappern, die andern babbeln. Haben wir im Prinzip auch, aber nicht bei Substantiven. Der *cackler* ist die reine Tiermetapher, nämlich die Schnattergans oder Schnatterente. Die Engländer hören diese Tiere eben nicht schnattern, sondern *cacklen,* was nichts Besonderes ist – sie hören auch den Hahn ein *cock-a-doodle-doo* statt *kikeriki* ausstoßen. Ebenfalls überrascht nicht, dass sie das auf den Schwätzer übertragen – tun wir auch, wenn auch ziemlich individualistisch (*So ein Gackerer!*). Irgendwie in die gleiche Richtung weist auch das Wort, das seit Erfindung des Internets eine völlig neue und andere Bedeutung gewonnen hat: der *chatterer.* Ursprünglich muss er etwas mit Gezwitscher zu tun gehabt haben, denn es war auch die Bezeichnung für einen Vogel, nämlich den Seidenschwanz. Dann kam die lautmalerische Übertragung mit einigermaßen breiter Anwendung. Ob die heutigen Chatter wissen, dass ihr Chatten auch auf Maschinengewehrfeuer angewandt wurde?

Wo wir bei der Lautmalerei sind, kann hinzugefügt werden, dass die Engländer nicht unbedingt die geschwätzigste Nation sind, aber vielleicht die lautmalerischste. Denn der *gabber* und der wohl gebräuchlichere *gabbler* sind wieder Plapper- oder Schnatterkandidaten und leiten sich vom Verb *to gab* ab. Bei *to gossip* finde ich nichts Rechtes und will hoffen, dass die Nähe zu *gospel* für Evangelium mehr zufällig ist. Dafür ist der *jawsmith* wieder recht durchsichtig. *Jaw* ist der Kiefer, bei *smith* hat wohl niemand Schwierigkeiten, zusammen ergibt das also den Kieferschmitz, also den Heini, der seine Klappe nicht halten kann. Wie schön. Beim *prater* kann man zwar herauslesen, dass er etwas mit dem *prat*, also dem Hintern, zu tun haben muss. Aber wie das zum Schwätzer führt, ist mir ehrlich gesagt zu hoch (bei uns ist die *Arschgeige* jedenfalls etwas ganz anderes).

Dafür ist der *rattler* klar der dritte Lautmalkandidat, der *tattler* der vierte (wirkliche Fans der malenden Zungenkunst, diese Engländer). Bleiben noch der *talebearer*, der bloß ein Geschichtenerzähler ist, und der *windbag* als unser Windbeutel, was schon ein bisschen weit weg ist vom Schwätzer. Bleiben weiter die beiden Amerikanismen *blatherskite* und *tattletale*, wobei *tattletale* erkennbar an den lautmalerischen *tattler* anschließt und der *blatherskite* irgendetwas mit *skit* als Spott oder Stichelei zu tun haben muss. Zu den Verben sage ich nicht mehr viel, weil es sich meist um Ableitungen von den Substantiven handelt, außer bei *to mounder*, was als kindisch schwätzen angegeben wird, und *to palaver*, was man auch als Deutscher sofort versteht. *To twaddle* kommt nur deshalb nicht beim Schwätzer vor, weil es von Geschwätz abgeleitet ist: vom *twaddle*, was mittlerweile der fünfte lautmalerische Einfall des Inselvolks ist. Frage: Wieso beginnen Insulaner zu lautmalen (komisches Wort, aber ich kann ja nicht sagen: laut zu malen)?

Spitzenkandidat *talker*

Vielleicht hat der Leser bemerkt, dass ich das wichtigste Wort übergangen habe. Den *talker*, meinen Spitzen- und Lieblingskandidaten, den Rettungsanker im rauen Meer der Sprache, das kaum irgendwo rauer ist als beim *Schwätzer*, jedenfalls im Deutschen. Und da bieten unsere englischen Nachbarn unter sechzehn überflüssigen oder jedenfalls nicht wirklich notwendigen Kandidaten für den *Schwätzer* diesen Idealburschen, diese Verkörperung des kulturellen Willens, den Dauerredner ernst zu nehmen und ihn einer klaren Bezeichnung zu würdigen. Was ist ein *talker*? Einer, der spricht. Und weil jeder Mensch spricht, es sei denn, ihm ist die Zunge herausgeschnitten worden oder er hat irgendetwas Fürchterliches erlitten, ist der *talker* eben jemand, der beim Sprechen etwas anders macht, als er soll. Er spricht etwas viel. Aber keine Beleidigung, kein Tiervergleich, keine böse Anspielung auf gar nichts, nein, nur diese unterkühlte Bezeichnung *talker*, Redner.

Und das verstehen die Engländer. Weil sie eben eine Kulturnation sind und noch dazu eine, die sich unter Kultur etwas Klares vorstellt: Irgendwie etwas, was man hat, aber nicht zeigt, wie eben unter Gentlemen üblich. Der *talker* ist ein Sprecher mit leisem Unterton, dass etwas nicht in Ordnung ist. Er spricht eben nicht wie jeder, sonst würde man es nicht erwähnen. Das genügt. Und jeder versteht. Aha. Wundervolle Sprache: Keine Ironie, sondern – natürlich – Untertreibung wie bei *Er ist ein Mensch*. Klar ist er ein Mensch. Aber bei einem Mörder gesagt, versteht man: Er ist auch nur ein Mensch (und die Schwiegermutter war wirklich böse). *Er ist ein talker*. Er ist ein Sprecher, ein etwas zu begabter. Er stört mit der menschlichsten aller Eigenschaften. Aber dafür muss man keine übertriebenen Ausdrücke erfinden. Es genügt ein winziger Hinweis. Ich sage, wenn er spricht, dass er spricht. Einfach ideal. Und ein Vorbild.

Man könnte glatt auf den Gedanken der Adoption kommen. Wir haben schon unseren Wortschatz bis zur Halskrause mit Anglizismen angefüllt. Kommt es auf diesen einen an, der einer der wenigen sinnvollen ist? Ich bin für

Streichung von, sagen wir, hundert Anglizismen und tausche diesen einen dagegen. Das ist ein gutes Geschäft. Denn endlich haben wir das, was uns fehlt. Diese Bezeichnung für eine wirkliche Bedrohung der Gesellschaft oder jedenfalls der Geselligkeit. Durch den klugen, feinen, gebildeten, angesehenen Sprecher, der niemals dummschwätzen würde, aber eben dauernd schwätzt. Nein, das brauchen wir jetzt nicht mehr, das ist viel zu ungenau, geradezu abwegig. Ein *Talker* eben. Jetzt schreibe ich es groß, was die Eingemeindung bedeutet (von Ritterschlag wollen wir nicht sprechen, das ist zu großspurig). Und was das Beste daran ist: kein Zungenbrecher, kein unbekanntes Wort. Wir haben uns längst an die *Talkshow* oder *Talkrunde* (mein Korrekturprogramm meckert nicht mit roter Unterschlängelung) gewöhnt, über die ich übrigens noch ausführlich sprechen werde. Oder an den *Smalltalk* (mein Korrekturprogramm schluckt es ebenfalls). Wer zuckt schon dabei zusammen? Niemand. Oder bei *Talkmaster*, der übrigens nach der neuen 24. Auflage des Duden im Jargon auch als *Schwätzer* zu bezeichnen sein soll (wennschon, dann haben wir eben zwei Bedeutungen für den *Schwätzer*, was in der Sprache nichts Besonderes ist: siehe die *Bank*, auf der man sitzt, im Gegensatz zu der, in die man geht). Macht nichts, merkt wahrscheinlich nicht einmal einer. Ich rufe nach Abwägung wirklich sämtlicher Probleme hiermit auf, den *Talker* in die deutsche Sprache aufzunehmen. Grund: Lücke im Wortschatz. Sinn: Vermeidung von Uneindeutigkeit. Zukunftsperspektive: ausgesprochen rosig, weil bereits integriert, geradezu halbheimisch.

Und dann doch ein letztes Zurückschrecken vor der freundlichen Übernahme. Nicht, weil es peinlich wäre. Man könnte die Engländer und Amerikaner ja fragen? Vielleicht Angela Merkel auf dem nächsten Gipfel: *Pardon, Herr Kollege, geht das mit diesem Vorschlag zur Eingemeindung ei-*

nes eurer Worte? Wir würden uns revanchieren. Wir haben noch mehr als nur den kindergarden *für euch. Bedient euch ganz ungezwungen. Und vielen Dank auch für die Zustimmung. Ihr habt doch zugestimmt? Wo wir so viel in die gemeinsamen Töpfe zahlen!* Also Prüfung: Ist der *talker* wirklich neutral und nicht doch mit diesem Makel behaftet wie der deutsche *Schwätzer?* Es spricht alles dafür. Für Dummschwätzer gibt das englische Lexikon jedenfalls nichts mit *talker* an, sondern: *blatherer.* Für großen Schwätzer: *speechifier.* Das macht Hoffnung, auch wenn ein kleiner Wermutstropfen erwähnt werden muss. In zwei Wendungen klingt es so, als hätten auch die Engländer den deutschen Sündenfall hinter sich und würden den Dummschwätzer nicht vom Dauerredner unterscheiden. *To be all talk* heißt: ein großer Schwätzer sein, und *he is all talk*: Er ist ein großer Schwätzer.

Aber ich halte mich an etwas anderes, an eine Filmszene. Ich meine den hübschen Film *Mona Lisas Lächeln* mit Julia Roberts als Katherine Watson, die in einem fürchterlichen englischen Internat mit noch fürchterlicheren Schülerinnen einen moralischen Überlebenskampf ausficht. Ehe nach Hollywoodart das Happy End kommt. Aber vorher geht es in einer Miniszene um einen Mann, einen Kollegen, mit dem sich Katherine anfreundet (obwohl er sich mit den Schülerinnen einlässt). Er beeindruckt sie als Italienischlehrer, der seine Sprachkenntnisse aus dem Zweiten Weltkrieg in Italien haben will. Und dann klärt jemand Katherine darüber auf, dass ihr Freund Italien nie gesehen hat. Sie hält es ihm vor. Sie habe da jemanden getroffen, der es verraten habe. In der deutschen Fassung ist die Rede von einer *Plaudertasche.* In der englischen von einem *talker.* Ja, genau: Jemand hat zu viel geredet. Kein Dummschwätzer, sondern nur ein Vielredner (der sich bei Katherine übrigens ersichtlich vergeblich Chancen ausrechnet). Ich höre es noch aus dem Mund von Julia Roberts. Ganz leise klingt es, ohne Pathos. Ein Vielredner eben, der in diesem Fall einmal genau das Richtige gesagt hat. Die *Plaudertasche* ist ganz und gar abwegig, passt im Ton überhaupt nicht, ist viel zu lang, zu altmodisch.

Talker dagegen sitzt. Beneidenswert. Aber nicht mehr lange. Wir werden das Wort einführen. Und mit dem Wort die Problemlösung. Denn jetzt können wir den Finger auf eine wichtige Stelle der Beziehungsprobleme richten. Wir haben das entscheidende Wort, das nicht mehr missverstanden werden kann. *Schwätzer?* Lachhaft, nur Neid! Der Vielredner (das Korrekturprogramm protestiert) ist doch hochgebildet, weiß bestens Bescheid. Gerade kein Schwätzer. Die englische Sprache hat uns geholfen. Wie beim *Surfen* oder *Chatten* (vorläufig bietet das Korrekturprogramm *Schatten* und *Chaoten* an), wofür es im Deutschen nicht einmal den Versuch von Alternativen gibt. Machen wir uns nichts aus dieser Anleihe. Ganz normal, wenn man die Sprachgeschichte kennt. Von den Italienern haben wir die *Bank* und das *Konto,* das ganze Kreditwesen. Von den Franzosen die *Galanterie* und das *Tête-à-tête,* die ganze Welt des guten Benehmens. Und nun aus dem Englischen eben nur noch diese eine Ergänzung im Reich der modernen Kommunikation. Wo sie sonst sowieso schon anglisiert ist. Bloß keine Querköpfigkeit an der falschen Stelle. Unser Selbstbewusstsein beziehen wir schon aus anderen Quellen.

Und doch: Ich zögere. Ich kann mir einfach nicht vorstellen, dass mich die deutsche Sprache im Stich lässt. Ich will diesen Anglizismus nicht. Nicht, dass ich grundsätzlich dagegen wäre, auch wenn man es heute reichlich übertreibt. Ich muss an Tante Änne denken. Die hätte es mir übelgenommen. Natürlich hätte sie mir das ganze Buch übelgenommen. Aber auch noch mit Anglizismus? Wo Tante Änne den Inbegriff von Zugehörigkeit, Familiarität, geradezu Heimat darstellte? Ich schlage etwas anderes vor: Wir belassen es beim *Schwätzer* und denken dabei an den *talker*. Eine Art innere Umtaufe, falls so etwas überhaupt möglich ist. Natürlich gehört dazu Wissen, Fachwissen. Aber dafür gibt es Bücher, in diesem Fall dieses Buch. Ich schreibe über ein Thema, unter dem sich ein anderes verbirgt. Eigentlich nur über ein Wort, hinter dem ein anderes durchleuchten soll. Möglichst für immer. Jedenfalls wäre dies eine ultimative Herausforderung an uns alle. An den Autor, etwas zu leisten, was kaum je versucht wurde. Und an den Leser, um- oder mitzudenken. Der Lohn der Mühe? Wir halten das Thema in unserer Sprache. Trotz der aufgezeigten Schwierigkeiten. Mal sehen, ob mir das jemand dankt.

Zweites Kapitel

Von Platzhirschen, Affen und Stachelschweinen

Probleme mit der menschlichen Natur

Schwätzer also, keine dummen oder boshaften Schwätzer, sondern nur ungebremst Sprechende. Gar nicht gemeint ist, was als neurologische Krankheit diagnostiziert wird und bei schizophrenen Erregungszuständen oder auch bei bestimmten Typen der Aphasie vorkommt: die *Logorrhoe* (aus dem griechischen *logos* und *rheo* zusammengesetzt, was wörtlich Wortfluss ergibt), also die Redesucht oder besser die mangelnde Fähigkeit, die Rede zu zügeln. Weil *Logorrhoe* wie *Diarrhoe*, also Durchfall, gebildet ist, war irgendwann der *Sprechdurchfall* geboren. Dass dies zu Witzen führt, verwundert nicht. Wobei ich mir gut vorstellen kann, dass genau diejenigen, die damit prunken, Musterbeispiele für das darstellen, was sie karikieren. Daran beteilige ich mich bei aller Liebe zur aufgelockerten Darstellung nicht. Durchfall ist für mich ohnehin die völlig falsche Metapher. Schon weil das Schwätzen keine Krankheit ist, die bekanntlich den Körper schwächt, sondern ganz im Gegenteil bei besonders Gesunden oder Robusten auftaucht.

Wenn nicht auch diese Formulierung in die Irre führt. Denn im Grunde gehe ich beim Schwätzen von etwas ganz anderem aus. Schwätzen ist nicht nur keine Krankheit oder sonst ein Gebrechen. Schwätzen ist nicht einmal ein Charaktermerkmal, jedenfalls nicht in erster Linie, es gibt höchstens mehr oder weniger große Begabungen. Ich halte nicht viel von den scheinklugen Bemerkungen über mangelnde Selbsthinterfragung, über den Wunsch nach Bestätigung oder die Verarbeitung von Minderwertigkeitskomplexen, auch wenn an all dem etwas dran sein mag. Aber es trifft nicht den Hauptpunkt. Schwätzen ist vielmehr die Konsequenz aus einer Konstellation. Wenn sich Menschen begegnen, passiert etwas, wie wenn man einen rosa Slip zu lauter weißen in die Waschmaschine wirft. Der rosa Slip färbt alles. Er dominiert eben. In Menschenansammlungen gibt es immer einen rosa Slip. Denn das weiß auch jeder. Wer in der einen Runde Schwätzer ist, kann bei noch größeren Schwätzern in einer anderen zu den weißen Slips gehören. Schwätzer – das ist meine These – werden nicht geboren, sondern erzeugt. In Gruppen von Menschen. Von uns selbst. Das Gesetz lautet: Einer wird gewinnen, einer wird Schwätzer. Warum, wird sich noch zeigen.

Ich weiß, dass die meisten Leser mir dies nicht auf Anhieb glauben. Sie sind zu sehr in der abendländischen Tradition verwurzelt, die davon ausgeht, dass Menschen eine Natur haben: eine böse oder eine gute (oder vielleicht auch eine mittlere). Sie gehen von so edlen Vorstellungen wie Freiheit oder Autonomie aus und denken, der Mensch kann sprechen oder nicht sprechen, zum Schwätzer werden oder nicht. Sie halten Schwätzer für ein körperliches Gebrechen wie schlechte Zähne oder Plattfüße. Mich wundert, dass man noch nicht nach einem Gen gesucht hat. Oder den Schwätzer in den Kernspintomographen gesteckt hat, um ihn beim Schwätzen zu beobachten. Aber es wird sich weder ein Gen noch sonst etwas finden. Höchstens der alte Satz bestätigen, den man sich vom Fresser erzählt: dass der nicht geboren, sondern erzogen wird. Es ist etwas dran. Auch der Schwätzer wird irgendwie erzogen. Nur nicht von seiner Mutter oder seinem Vater, sondern von der Gesellschaft, von seiner Umgebung oder den vielen Umgebungen, die ihm einmal beigebracht haben, dass Schwätzen möglich ist.

Wenn man schon etwas beobachten will, dann rate ich zum Tiervergleich. Vielleicht bekommt man bei ihnen heraus, wie Schwätzer entstehen. Zumal in fast allen Sprachen Schwätzer unter anderem nach Tieren benannt werden. Nur eben nach den falschen. Nach schnatternden Enten oder gackernden Hühnern zum Beispiel. Gänse und Hühner aber sind beim Schnattern und Gackern reine Einzelgänger. Jedes Viech schnattert und gackert vor sich hin. Es gibt einfach kein System, sondern nur Überlappung. Das kommt höchstens gelegentlich in Talkrunden mit Politikern vor. Selbst in der rauesten Wirklichkeit hat daran auf Dauer keiner Freude. Bei Menschen bildet sich eben ein System mit einem Obergackerer beziehungsweise Oberschnatterer. Beim Schwätzer ist das Gackern oder Schnattern ein Privileg, das er verteidigt. Bei Hühnern ist bekanntlich nur das Hacken ein Privileg. Darauf komme ich noch in anderem Zusammenhang zurück.

Hirsche, Wölfe, Federvieh

Aber es gibt ja noch jede Menge andere Tiere. Hirsche zum Beispiel. Die fechten unter sich einen Platzhirsch aus, und zwar durchaus mit akustischen Mitteln, wie man weiß. Jeden Herbst geht das Röhren durch den Wald. Einer röhrt gegen den anderen. Aber die Parallelen zum Schwätzer sind doch sehr beschränkt. Das Röhren entscheidet schließlich nichts und auch der unterlegenste Röhrer röhrt noch ungefähr so viel wie der Sieger. Platzhirsche sind so gesehen nur vierbeinige Hühner. Sie kämpfen um Dominanz, allerdings mit wenig Hierarchie. Hirsche sind reine Royalisten, Hühner erinnern mehr an heruntergekommene Demokraten. Hirsche geben so gesehen nichts für unsere Fragestellung her, nicht einmal Platzhirsche. Und das nicht nur wegen des sehr einseitigen Interesses am Platzhirschtum, nämlich der Fortpflanzung und der dabei gebräuchlichen Methoden. Platzhirsche sind auch sonst schlicht zu einseitig, verlieren sofort nach der Brunft sogar die Lust am Röhren. Drei Viertel des Jahres merkt man ihnen ihr Platzhirschtum kaum an, so desinteressiert sind sie an allen Formen von Kommunikation. Hirsche grasen einfach. Wo soll da etwas für den Vergleich mit dem Schwätzer herausspringen?

Wo wir schon von den Vögeln (wir haben nur die geschwätzige Elster vergessen, aber die bringt auch nur das, was die Enten und Hühner bringen) zu den Vierbeinern aufgestiegen sind, sollte man die Wölfe erwähnen. Wölfe heulen im Rudel. Nur ist es wieder wie bei den Enten und Gänsen: Es herrscht einfach zu viel Gemeinsamkeit. Selbst vom Leitwolf hört man nicht, dass er allein oder mehr heult als die anderen. Zwar heult er nicht wie die Hirsche gegen seine Gegner, sondern er heult im Chor (wenn auch wohl doch nicht den Mond an, wie man uns als Kindern gesagt hat). Und das führt nun noch weiter weg vom Schwätzen, als es die Hirsche tun. Irgendwie kennen die Tiere offenbar das Problem des Schwätzens überhaupt nicht. Oder ist das nur zu akustisch gedacht? Zu sehr an den Äußerungsformen orientiert? Vielleicht muss man das Akustische einfach als menschliche Spezialität weglassen und sich nur auf die im Schwätzen liegende Dominanz beschränken. Das machte ja schon die Hühner und Hirsche wenigstens teilweise interessant.

Kann man so bei den Bienen weitermachen? Ist deren Königin die beste Schwätzerin der Tierwelt? Absurd, weil hier jede menschliche Parallele fehlt. Die Königin ist viel zu ungleich gegenüber ihrem Volk. Und die Ameisen? Die organisieren sich offenbar gerade ohne Spitze. Die Spitze ist das Volk. Also überhaupt keine Parallele. Zum Schluss fallen mir noch – reiner Verzweiflungsakt – die Wale ein. Wer die CDs mit ihren Gesängen kennt, fühlt sich an gregorianische Choräle erinnert. Aber Schwätzer? Nein, Schwätzer sind diese wundervollen Wesen überhaupt nicht, selbst nach dem Wenigen, was wir von ihnen verstehen. Zu gleichzeitig, zu zielgerichtet, zu weit weg von Dominanz oder gar Tyrannei.

Unsere nächsten Verwandten

Meiner Meinung nach scheiden diese Tiere alle aus. Aber es gibt noch andere, unsere nächsten Verwandten. Zufällig wissen wir seit Kurzem darüber immer besser Bescheid. Zum Beispiel durch das schöne Buch von Frans de Waal mit dem Titel *Der Affe in uns*. Was lernt man dort? Nein, nicht dass Affen die besseren Menschen sind. Sondern dass Affen beides kennen: Aggression und Mitleid. Und dass es auf die Situation ankommt, wann Aggression dominiert und wann Mitleid. Die Schimpansen sind insgesamt ziemlich aggressiv, können aber, wenn sie wollen, enorme Sympathie aufbringen. Die Bonobos – also diese kleineren Affen, die man früher für Schimpansen gehalten und sich gewundert hat, warum sie so anders sind – leiten die Aggression mehr im Sex ab und zeigen Sympathie obendrein. Schimpansen und Bonobos können sich jedenfalls in den anderen hineinversetzen und entsprechend handeln. Und sie können Starke ausspielen, indem sie sich gegen sie zusammentun. Wer eine Gruppe anführt, kann sich nie sicher sein. Er muss die Beziehungen anerkennen. Wirklich frei ist der Starke nicht. Er ist nur stark, wenn er die Ordnung aufrechterhält, die die vermeintlich Schwachen nicht schaffen. Wenn er Schutz bietet. Dafür erntet er Unterwürfigkeit, solange er sich an die Spielregeln hält. Durchaus ein Spiel auf Zeit, das irgendwann zu Ende ist: durch Schwäche oder Fehleinschätzung. Nein, wirklich frei ist der Starke auch bei den Affen nicht. Er muss sich an jede Menge Regeln halten. Sich auskennen im Dschungel nicht des Waldes (das sowieso, falls er nicht in einem Zoo sitzt), sondern der zwischenaffentlichen Beziehungen.

Ist ein Schwätzer ein starker Affe, ein sogenanntes Alphamännchen? Es wäre jedenfalls eine bessere Idee, als ihn mit schnatternden Gänsen oder gackernden Hühnern zu vergleichen und all den anderen Tieren, die wir betrachtet haben. Affen können ohne Alphamännchen nicht leben, weil es für sie sonst keine Ordnung gibt. Können Menschen auch nicht leben, wenn nicht einer die Stelle des Schwätzers übernimmt? Es spricht viel dafür. Fünf Menschen treffen zusammen und müssen sich gleichgültig wie unterhalten, weil Schweigen uninteressant und peinlich wäre. Jeder fängt irgendwie an. Und dann entscheidet es sich. Nach zehn Minuten hat die Gruppe ihren Schwätzer. Wie bei den Affen. Aber liegt auch der gleiche Grund vor wie bei unseren Verwandten? Da muss man vorsichtig sein. Der Grund für die Unterwürfigkeit bei den Affen ist Schutz. Bietet der Schwätzer seinen unfreiwilligen Zuhörern Schutz? In gewissem Sinne ja. Er sorgt schließlich dafür, dass das System nicht zerfällt. Er verwandelt die Gruppe in Zuhörer. Keiner kann mehr weg, ohne auf die eine oder andere Weise aufzufallen. *Warum gehst du? Ist es etwa nicht interessant?* Unter den Zuhörern fühlen sich die meisten nicht wohl, weil sie auch Schwätzer sind. Aber eben verhinderte. Sie sind ausmanövriert worden. Die Gruppe hat schon einen Schwätzer. Zwei geht nicht, aus technischen Gründen. Warum hält man das aus? Jetzt kommen die Affen ins Spiel. Eben weil der

Schwätzer die Gruppe zusammenhält. Noch schlimmer, als zuhören zu müssen, ist ausgeschlossen zu sein. So könnte es funktionieren. Die Gruppe belohnt den Schwätzer für eine Leistung, die nötig ist. Es droht einfach der Zerfall.

Aber stimmt das? Machen wir zunächst die Probe, indem wir uns fragen, ob das irgendetwas mit der Gruppengröße zu tun hat. Bei fünf Personen leuchtet die Theorie vielleicht ein. Bei, sagen wir, zehn passiert schon etwas anderes. Die Gruppe spaltet sich. Man kann dem Schwätzer ausweichen, indem man mit seinem Nachbarn ein eigenes Gespräch beginnt. Bei fünfen würde es der Schwätzer merken, bei zehn nicht. Zehn schafft er einfach nicht, wahrscheinlich liegt zwischen fünf und zehn die obere Grenze. Verglichen mit den Affen ist dies eher niedrig, was die Wahrscheinlichkeit der Parallelen durchaus mindert. Aber was ist mit zwei? Eben, das gibt es bei den Affen überhaupt nicht. Affen bilden keine Zweiergruppen, weil Zweiergruppen das Problem der Ordnung nicht lösen können. In Zweiergruppen aber wird der Schwätzer erst richtig stark. Zweiergruppen sind seine ganze Leidenschaft. In Zweiergruppen ist die Unterwerfung einfach. Und vor allem: In Zweiergruppen ist sie dauerhaft. Zwei Personen, die sich gut kennen, haben vor Jahren das Spiel entschieden. Einer hat gewonnen, ist der Schwätzer geworden. Für immer. Mag sein, dass der andere einmal ein besonderes Problem hat. Dann hört selbst der Schwätzer einen Augenblick zu. Aber nicht lange. Nein, das System ist stabil.

Nur: Wo liegt hier der Schutz? Wo der Vorteil für den Unterlegenen, der den Mund hält? Also stimmt irgendetwas nicht an dem Affenvergleich. Es gibt bei den Menschen Alphamännchen erstens in viel zu kleinen Gruppen und zweitens ohne Schutzfunktion. Oder übersehen wir etwas? Irgendetwas müssen wir übersehen. Darauf werde ich noch zurückkommen, wenn ich das Problem ganz ohne Affen behandle. Aber in einem Punkt haben uns unsere nächsten Verwandten doch weitergebracht, viel weiter als ihre schnatternden oder röhrenden Kollegen. Sie zeigen, dass die Schwätzerei etwas mit der Gruppe zu tun hat. Das Alphamännchen verdankt seinen Status der Auslese wie der Schwätzer. Und es lebt von ständig aufrechterhaltener Reputation ebenfalls wie der Schwätzer. Schwätzen kann es so gesehen erst bei einiger Intelligenz geben, bei einer Intelligenz, wie sie Affen besitzen (ich weiß, jetzt gibt es Einspruch von Liebhabern anderer Tierarten). Dann gabelt sich noch einmal irgendetwas in der Evolution. Die Affen bleiben bei aller Empathie (und Aggression) hinter uns zurück. Immerhin vermeiden sie damit auch einen menschentypischen Fehler. Schwätzer werden sie nicht.

Schopenhauers Stachelschweine

Machen wir eine Kontrolle in der Literatur. Es gibt nicht nur die wirklichen Tiere als Vergleich. Man muss auch an allegorische oder symbolische denken, die sich Philosophen ausgedacht haben. Zum Beispiel in der Tierfabel. Eine handelt von einem Raben, der einen Käse im Schnabel hält, den der Fuchs gerne ergattern würde. Was macht der Fuchs? Er schmeichelt dem Raben für seine schöne Stimme. Der fällt darauf herein, fängt an zu singen (was er für Singen hält) und lässt den Käse fallen. Schön, aber nicht wirklich ergiebig. Man kann nicht einmal sagen, wer der Schwätzer war. Eigentlich keiner. So kommt man also nicht recht weiter. Ich wüsste auch nicht, was man von der Grille lernen sollte, die den ganzen Sommer über singt und im Winter nichts zu fressen hat. Ein viel zu einseitiger Schwätzer, der auch ohne jedes Publikum schwätzt, was beim menschlichen Schwätzer ein Widerspruch in sich ist. An mehr Fabeln erinnere ich mich im Augenblick nicht.

Aber mir fällt das Stachelschwein ein. Das Stachelschwein? Die Idee stammt von einem Philosophen, der in der obersten Liga der Philosophie des 19. Jahrhunderts spielte, was vielleicht nichts Gutes ahnen lässt. Aber man muss zugeben, dass die Geschichte gut erzählt und für einen Philosophen auch nicht allzu lang ist. Der Philosoph heißt Arthur Schopenhauer. Sein Thema ist die zwischenmenschliche Beziehung. Und seine These lautet, dass es damit furchtbar steht. Der Mensch, jedenfalls wenn er Verstand hat, ist sich selbst genug. Geistesgröße verträgt sich nicht mit Gesellschaft, sondern führt geradewegs in die Einsamkeit. So wie umgekehrt die Armut an Geist in Gesellschaft treibt. Wobei diese Art der Gesellschaft weniger von Reden als von Kartenspiel und Zigarren bestimmt ist. Weil jedoch die Langeweile das entscheidende Problem darstellt, führt die Schlechtigkeit und Torheit das große Wort (*Wo viele Gäste sind, ist viel Pack*). Wer als Intelligenter in so etwas hineingerät, muss grenzenlose Geduld beweisen, sich in Selbstverleugnung üben (*einschrumpfen*). Vor allem erscheint Schopenhauer die angebliche Rettung in die Höflichkeit (*diese chinesische Kardinaltugend*) als reine Katastrophe. Sie ist für ihn *eine stillschweigende Übereinkunft, gegenseitig die moralisch und intellektuell elende Beschaffenheit von einander zu ignorieren und sie sich nicht vorzurücken.* Man sollte schon die hoffnungsvolle Jugend in Schweigsamkeit üben. Selbst aber müsse man angesichts der *Klatschereien* um einen herum *ein gehörnter Siegfried* sein, also dank des Bads im Drachenblut nichts empfinden. Und so weiter und so fort – Schopenhauer ist für seine schlechte Laune bekannt.

Am Ende seines Buches zu diesem Thema, das er *Parerga und Paralipomena* genannt hat, also *Nebenbemerkungen*, steht eine Parabel. Die von den Stachelschweinen. Hier ist sie: *Eine Gesellschaft Stachelschweine drängte sich an einem kalten Wintertag recht nahe zusammen, um, durch die gegenseitige Wärme, sich vor dem Erfrieren zu schützen. Jedoch bald empfanden sie die gegenseitigen Stacheln; welches sie dann wieder von einander entfernte. Wann nun das Bedürfnis der Erwärmung sie wieder näher zusammen brachte, wiederholte sich jenes zweite Übel, so dass sie zwischen beiden Leiden hin und her geworfen wurden, bis sie eine mäßige Entfernung von einander herausgefunden hatten, in der sie es am besten aushalten konnten. – So treibt das Bedürfnis der Gesellschaft, aus der Leere und Monotonie des eigenen Innern entsprungen, die Menschen zueinander; aber ihre vielen widerwärtigen Eigenschaften und unerträglichen Fehler stoßen sie wieder von einander ab. Die mittlere Entfernung, die sie endlich herausfinden, und bei welcher ein Beisammensein bestehen kann, ist die Höflichkeit und feine Sitte. Dem, der sich nicht in dieser Entfernung hält, ruft man in England zu: keep your distance! – Vermöge derselben wird zwar das Bedürfnis gegenseitiger Erwärmung nur unvollkommen befriedigt, dafür aber der Stich der Stacheln nicht empfunden. – Wer jedoch viel eigene, innere Wärme hat, bleibt lieber aus der Gesellschaft weg, um keine Beschwerde zu geben noch zu empfangen.*

Ich denke, der Leser riecht sofort den Braten. Die Menschen sind nicht füreinander bestimmt, sondern im Gegenteil: In der Herde geraten sie aneinander. Aber man merkt auch die altmodische Sicht: Die Stacheln sind angeboren. Die Menschen sind zwar keine »Schweine«, was der Polemik eine zu moralische Wende gäbe. Aber sie sind stachelig von Natur und Opfer dieser Natur. Nur folgt eben diese zweite Beobachtung. Nicht alle Stachelschweine tragen diese Stacheln gerne. Es gibt die »weichen«, die Nähe und Wärme suchen und nun in eine aussichtslose Position geraten. Sie müssen die Herde verlassen, was wider ihre Natur ist, weil die Natur nun einmal mehr Stachelschweine erschaffen hat, die ihre Stacheln gerne gebrauchen. Die Höflichkeit – darauf kommt es Schopenhauer natürlich an – ist also nur für die anderen Stachelschweine da, für die wirklich stacheligen, die mit ihr das vertuschen, was sie auszeichnet: ihre Stacheligkeit. Die anderen müssen gehen oder sollten gehen. Schopenhauer selbst ist tatsächlich gegangen. Er hat sich mit jedem überworfen und lebte einsam mit seinem Pudel (den er nach dessen Tod stets durch einen namensgleichen ersetzte, was in gewisser Weise auch etwas mit seiner Sympathie für die indischen Brahmanen zu tun hatte, die an die Seelenwanderung glaubten).

Wir sind etwas weit abgetrieben vom Thema, aber es ist noch in Sicht. Erklären die Stachelschweine die Schwätzerei besser oder erklären sie sie überhaupt? Schopenhauer spricht an keiner Stelle von Schwätzern, aber man könnte annehmen, dass Schwätzen zu den Stacheln gehört, die den anderen das Leben vermiesen. Das Schwätzen verhindert ja auch Nähe oder Wärme. Man möchte auch einmal etwas von sich geben und rennt in die Stacheln in Form von Dauerreden. Also auch eine Erklärung.

Aber man merkt die Schwäche. Die Konsequenz der Parabel ist die Aufforderung zur Einsamkeit, wie Schopenhauer eben immer und von vornherein die Einsamkeit empfiehlt. Das ist es jedoch, was die wenigsten wollen (und nicht, weil sie einfach dumm sind). Schopenhauer kann die Stachelschweine so stachelig machen, wie er will. Es stimmt nicht einmal, dass die meisten die Mitte suchen, wo sie nicht gepiekst werden. Die meisten drängen sich sogar an die

Schwätzer, um nur ja nicht einsam zu werden. Man kann auch nicht sagen, dass sie vom Schwätzer verletzt werden. Sie werden nur lahmgelegt. Sie können sich nicht entfalten, aber sie haben einen Partner. Und die meisten Schwätzer kennen das Spiel, wissen um die Schmerzgrenze und lassen Brosamen fallen, die ihrem Gegenüber das Gefühl geben, noch nicht tot zu sein. Nein, es stimmt etwas nicht mit der Parabel von Schopenhauer. Warum habe ich mich ihr (und Schopenhauer insgesamt) so ausführlich gewidmet? Weil es die intelligenteste Verteidigung jenes falschen Standpunkts ist, von dem ich mich absetzen möchte. Die Schwätzerei beweist in allen Punkten das Gegenteil: dass Menschen, und zwar gerade nicht die dummen, Geselligkeit suchen. Auf Geselligkeit geradezu angewiesen sind. Sich selbst genug? Die reine Überheblichkeit!

Noch einmal zurück zur Natur

Also doch die Affen. Wenn es unbedingt Tiere sein sollen, sicher ja. Aber die Affen lehren uns mehr als die Parallelen zum Schwätzer das völlig Einzigartige beim Menschen. Wirklich nirgends im Bereich der Lebewesen gibt es diese Verurteilung zum Hören. Nicht akustische Überflutung als solche (wie beim Schnattern und Röhren), sondern als (mehr oder weniger) sinnbeladenes Reden. Wirklich ein Witz, dass antike Philosophen den Menschen als sprechendes Wesen definierten und triumphierend von den Tieren abhoben. Als wenn dieses Sprechen nicht auch unser Problem wäre! Kein Tier deckt das andere mit Sprechen zu. Nur bei den Menschen gibt es diese Ungebremstheit beim Mitteilen, diesen Schwall von Worten, auch gutgemeinten, aber eben ewig an- und nur bei wirklicher Atemnot abschwellenden. Und nur beim Menschen ist der Herdentrieb mit diesem schwätzenden Leithammel verbunden. Noch anders ausgedrückt: Nirgends ist der Leithammel ein Schwätzer. Dass die Philosophen dies nicht als Problem gesehen haben! Cicero himmelt dieses sprechende Wesen an, das durch die Sprache ausgezeichnet ist und deshalb alle Kulturleistungen erfindet, sogar den Städtebau. Wieso sagt Cicero nichts zu den Problemen? Zur Verhunzung des Sprechens im Schwätzen? Zum Missbrauch des Sprechens für die Ausbildung von Hierarchien bis zum reinen Despotismus? Zum Sprechen als bestem Mittel einer Unterwerfung, für die es nicht einmal bei den Affen eine Parallele gibt?

Ich finde, der Tiervergleich hat uns weitergebracht. Der wichtigste Punkt ist der, dass wir aufhören, beim Schwätzen nach einem Stück Natur zu suchen. Wenn schon Natur, dann kann man höchstens sagen, dass jeder Mensch zum Schwätzer geboren ist. Aber nicht überall kommt es zum Ausbruch. Es ist eher wie bei Herpes, den bekanntlich auch jeder mit sich herumschleppt. Bei den einen bricht er aus, bei den andern nicht. Über den Ausbruch entscheidet nicht die Natur, sondern die Konstellation. In jeder Konstellation droht die Stelle besetzt zu werden, so wie in einer Klasse die Stelle des Spaßmachers besetzt wird. Man spürt, dass man einen Spaßmacher braucht, und gibt sie dem, der am ehesten infrage kommt. So einfach ist das. Und so geht es eben beim Schwätzen. Einer nimmt die Rolle an. Vielleicht nimmt er sie in vielen Gruppen an, aber es ist möglich, dass er auf einen noch größeren Schwätzer stößt, der ihn einmal aussticht, ins zweite Glied oder überhaupt ins Glied verweist. Also Begabung muss schon sein. Viele werden in nur wenigen Gruppen zum Schwätzer, einige vielleicht sogar in keiner einzigen. Sie haben eben Hemmungen, trauen sich die Rolle nicht zu, geben gerne klein bei.

Dann haben es Schwätzer leicht, zum Schwätzer zu werden. Man sieht es den Menschen manchmal regelrecht an. Schon nach dem ersten Wort ziehen sie sich zurück. Ihre Sätze bestehen aus drei, vier Wörtern. Das erkennen Schwätzer sofort und schnappen zu. Interessant, wenn nicht klar ist, wer den besseren Biss hat. Dann kann es kurzfristig zum Showlaufen kommen. Aber nur einer gewinnt, so wie nur einer durch die Tür passt. Und dann kommt die Zeit, in der alles entschieden ist und Anrennen gegen etablierte Ordnungen nicht lohnt. Es würde nur Streit geben. *Wie, du hast doch immer geschwiegen, was willst du auf einmal? Seit wann interessiert irgendjemanden dein Wehwehchen? Pass bloß auf, dass du dich nicht verhaspelst! Und hör bitte gefälligst zu wie sonst auch. Willst du den mühsam errungenen Frieden stören? Mich, den Schwätzer beseitigen, der die Geselligkeit aufrechterhält? Unter Einsatz seiner ganzen Energie und ganz ohne Kosten?*

Also keine Natur, nur kleine Unterschiede im Charakter, im Temperament, die zu chemischen Reaktionen führen. Natürlich sind Choleriker die geborenen Schwätzer (was ich mehr metaphorisch als körperlich meine). Phlegmatiker sind umgekehrt die ebenfalls geborenen Opfer. Bei Melancholikern kann man es so genau nicht wissen, es gibt auch bissige Bemerkungen und lange Tiraden über die Schlechtigkeit der Zeiten. Das gilt genauso für die Sanguiniker, die zwar leicht aufbrausen, aber auch in sich zusammensacken können. In der Aufbrausphase dürften sie schwer zu bremsen sein, aber auf Dauer sind sie nicht geeignet, nicht standhaft genug. Nein, der schwätzende Charakter existiert durchaus, will sagen: Es gibt erziehungs- und vielleicht sogar körperbaubedingte Vor- und Nachteile, die die Schwätzerkarriere so oder so beeinflussen. Ein bisschen furchteinflößend müssen sie schon aussehen, die Schwätzer, obwohl auch der Napoleonkomplex nicht zu unterschätzen ist. Und eine Erziehung zur Unterwürfigkeit kann höchstens im Befreiungskampf zu einer Schwätzerkarriere führen. Ich denke, dass auch Vorbilder eine Rolle spielen. Man hat den oder jenen Schwätzer kennen- und schätzen (oder verachten) gelernt. So etwas will man auch selbst können. Ein möglicher Start. Jedenfalls wahrscheinlicher als ein Gen. Obwohl ich Familien kenne, die die Schwätzer hervorbringen wie bei den Bachs die Musiker. Und umgekehrt. Es gibt auch ganze Schweigersippschaften, die reinen Schwätzeropfer.

Ob es auch gescheiterte Karrieren gibt? Brüche in der Schwätzerei, die vom Saulus zum Paulus führen? Möglich, aber unwahrscheinlich. Eher könnte man das Gegenteil annehmen. Plötzliche Erfolgserlebnisse, die zum Spätstart führen (Stichwort: spätberufene Schwätzer) und dann auch zu besonderer Radikalisierung. Alles unerforscht, reine Grauzone. Aber vielleicht lässt sich ja doch etwas lernen. Vielleicht nützt das Verstehen etwas. Wer genauer weiß, wie Schwätzen entsteht und welche Folgen es hat, verzichtet möglicherweise. Oder erklärt gar anderen, was sie anrichten. Ohne dass die einschnappen. Werden einfach Pädagogen im Reich der Schwätzerei. Aber noch ist es nicht so weit. Noch müssen wir viel lernen, das Phänomen genauer studieren. Wie steht es beispielsweise mit den Inhalten? Wie unterscheiden sich Frauen von Männern? Worüber haben unsere Philosophen eigentlich Klage geführt? Wenn wir über all dies mehr wissen, lässt sich allmählich eine Erklärung versuchen, auf die sich dann Didaktiker stürzen und stützen mögen: Didaktiker der Schwätzreduktion. Ob wir es so weit bringen?

Drittes Kapitel

Inhalte des Schwätzens

Tagesreste

Zwei Menschen treffen zusammen, der Schwätzer übernimmt das Ruder und gibt es nicht mehr aus der Hand. Aber worüber redet er? Gibt es Stoffe, die sich für Dauerreden eignen? So wie Morde in Krimis gehören oder Venedig in Lovestorys? Ich meine ja. Was den Beobachter verwirrt, ist die Vielfalt, aber die ist nur oberflächlich. In Wirklichkeit liegt der Vielfalt überraschend Einfaches zugrunde.

Ich denke an die Parallele zum Traum. Sigmund Freud hat es in allen Einzelheiten erklärt, obwohl es schon in der Antike (bei Augustinus) entdeckt wurde: Es gibt so etwas wie den Tagesrest. Man hat am Tage Erlebnisse gehabt, die nachts verdaut werden. Der Geist weiß, dass er nicht zurechtkommt, und schiebt die Verarbeitung dem Bauch zu. Oder jedenfalls dem nicht-logischen System. Dann können sexuelle Wünsche als Zigarren wiederkehren, obwohl es von Freud auch den Ausspruch gibt, dass Zigarren manchmal Zigarren bedeuten. Das kennt man und gibt es zu. Dann muss man aber auch die Parallele zum Schwätzen sehen. Der Schwätzer wartet nicht auf die Nacht, sondern auf einen Kollegen. Oder Freund. Oder Verwandten. Jedenfalls auf einen Zuhörer. Denn da liegt der Unterschied zum Traum, in dem das Ich sich den Tagesrest selbst erzählt. Schwätzer sind vielleicht nur schlechte Träumer. Sie brauchen für ihre Erzählungen ein Gegenüber. Und dann geht es los. Deshalb sind die Inhalte so bunt, weil es so viel an Tagesresten gibt.

Aber im Prinzip sind sie klar. Der Schwätzer verdaut seine unbewältigten Erlebnisse. Besonders die der letzten, ja allerletzten Vergangenheit. Er ist befördert worden. *Weißt du, was das heißt angesichts der Konkurrenz und der Tatsache, dass andere viel länger im Betrieb arbeiten?* Er war im Zoo. *Nein, was hat sich dort alles verändert!* Er hat sich eine neue Kamera gekauft. *Wie kann man nur noch mit einer alten fotografieren?* Und so weiter. Kein Wunder, dass man als Analysierender verwirrt wird.

Aber man bemerkt auch sofort den Unterschied zum Traum. Jedenfalls wenn man an Freuds Deutung glaubt. Der Traum ist ehrlicher, ja er spült die Wahrheit aus dem Unterbewussten nach oben. Daher die Sexualität, das Einzige, was einen wirklich beschäftigt (sagt Freud, ich sage nichts dazu). So weit kann der Schwätzer nicht gehen. Ja, man sieht auf Anhieb, dass es offenbar noch etwas anderes zu verarbeiten gilt als Frust beim Sex. Das Leben als solches genügt. Selbst wenn man mit Freud glaubt, dass man überhaupt nicht versteht, was man tut oder was einem widerfährt: Es ist der Erinnerung wert.

Vielleicht wird es überhaupt erst in der Erinnerung wirklich. Man erlebt etwas. Aber was ist es schon, wenn es nicht in Worte gefasst wird? Der Zoo zum Beispiel. Er spricht nicht zu mir und sagt mir nicht, dass er sich verändert hat. Ich muss es sehen, was natürlich eine Leistung darstellt. Und dann die nächste Leistung: die Veränderung in Worte fassen. Jetzt wird sie mir selbst erst wirklich klar. Das war vorher unmöglich, als ich die Eindrücke in mich hineinstopfte. Jetzt fließen sie heraus in ihrer ganzen Schönheit und beeindrucken mich selbst erst richtig. Mein Opfer hat mir unendliche Dienste geleistet, mir zu meinen eigenen Vorstellungen verholfen. Der Schwätzer ist beeindruckt von seinem eigenen Schwätzen. Er hört nicht auf, ergeht sich in

Details. Nur jetzt, beim Schwätzen, sieht er sie wirklich. Vorher waren sie unbenannt, eigentlich überhaupt nicht vorhanden. Und nun werden sie schöner und schöner. Der Sprechstrom bringt sie hervor, das Rinnsal schwillt zum Bach an, zum Fluss, zum Strom. Der Zuhörer wird es doch verstehen. Er muss doch begreifen, dass es wichtig ist, Eindrücke zu Formulierungen zusammenzuballen, sie wirklich werden zu lassen, wo sie sonst der Erinnerungslosigkeit anheimfallen.

Eine Parallele zum Traum, aber auch ein großer Unterschied. Kein Sex, kein wirkliches Innenleben, nichts, was an die wahren Tiefen der Persönlichkeit rührt. Doch Vorsicht. Schon die Kamera zeigt, dass die Tiraden traumartige Elemente haben können. Die Kamera war eigentlich viel zu teuer und auch nicht nötig. Vor allem sind die Bilder kein bisschen besser geworden. Ein echtes Problem. Und das harrt der Lösung in Gestalt eines Opfers. Der Schwätzer berichtet nicht über die Kamera, sondern über seine Wünsche. Er erzählt, was alles neu und schöner ist, um sich selbst zu beschwichtigen. In diesem Punkt ist es wie mit dem Zoo. Der Zoo war nur gefühlt, nicht formuliert. Mit der Kamera ist es genauso. *Ich denke, also bin ich.* Ich sage es, also ist es. Die lange Tirade entlastet, man kann den Schwätzer regelrecht verstehen. Zum ersten Mal ist er beruhigt. Von seinen eigenen Worten. Die natürlich ein Gegenüber brauchen, wenn es wirklich um etwas geht.

Klar, beim Rasieren reden jedenfalls Männer auch. Aber dummes Zeug. Jetzt spricht man Wichtiges an, Entscheidendes, Beruhigendes. Der Zuhörer braucht gar nicht zu nicken (was natürlich immer besser ist). Er muss nur den Bildschirm darstellen, auf dem der Schwätzer seine Projektion erstehen lässt. In allen Einzelheiten, weil Einzelheiten wie Argumente sind, die beruhigen. Am Ende der Tirade ist der

Schwätzer selig. Er hat sich überzeugt. Er hat den Tagesrest verarbeitet, der in diesem Fall wirklich ein Problem darstellte, also nicht wie beim Zoo. Das Schwätzen war erfolgreich. Vielleicht findet der Schwätzer noch den Übergang zu einem anderen Thema. *Ach, diese Kamera. Hast du gehört, was XY gemacht hat?* Dann kommt der nächste Tagesrest an die Reihe. Vielleicht hat das Opfer eine Zwischenbemerkung zustande bekommen, sogar das Stichwort zur neuen Tirade geliefert. Jedenfalls kann das Spiel so weitergehen. Die Buntheit ist nur scheinbar bunt. In Wirklichkeit ist das Spiel immer das gleiche. Der Schwätzer sagt immer dasselbe. Völlig falsch, dies mit dem volkstümlichen, aber albernen Slogan abzutun, der Schwätzer würde sich selbst gern reden hören.

Nehmen wir uns Zeit für eine Zwischenbemerkung. Der Leser versteht vielleicht, dass die hier vorgelegten Bemerkungen nicht ganz unsystematisch sind, ja geradezu Theoriecharakter haben. Ich habe im vorigen Kapitel behauptet, dass der Schwätzer kein Kranker ist, sondern dass Schwätzen in uns allen steckt wie Herpes. Man sieht jetzt den Grund. Es gibt niemanden, der nicht träumt. Es gibt höchstens solche, die es erzählen, und solche, die es nicht erzählen. So ist es auch mit dem Schwätzer. Was er tut, ist nicht nur natürlich, es ist notwendig. Aber man erkennt auch sofort den Unterschied. Träumen stört niemanden, weil man fürs Träumen keinen Partner braucht. Schwätzen ist nach außen gestülptes Träumen. Und genau da liegt das Problem. Eigentlich will jeder schwätzen, weil er muss. Aber nur die Schwätzer befriedigen ihr Bedürfnis. Die Schwätzer folgen der Natur und verstoßen gleichzeitig gegen das fundamentale Gleichheitsgebot.

Aber darüber sprechen wir später. Hier war die Traumparallele wichtig, um die Inhalte zu klären. Genauer gesagt:

um die Verwunderung darüber abzuschaffen, dass die Inhalte so bunt sind. Ich denke, das ist nun geklärt. Aber damit ist das Inhaltliche selbst nicht erschöpft. Bemühen wir uns um genauere Beobachtungen, vor allem um Differenziertheit. Man muss mindestens von den Charakteren ausgehen, darüber hinaus von Berufen und nicht zuletzt einige Besonderheiten berücksichtigen, so wie in Tagesordnungen den Hauptpunkten immer der Punkt »Verschiedenes« folgt. Beginnen wir mit den Charakteren.

Kassandra, eine missverstandene Seherin

Wir wissen schon, dass nicht jeder Charakter zum Schwätzer passt, insofern ist das Beobachtungsfeld deutlich eingeschränkt. Ich nehme den Begriff Charakter auch nicht allzu genau, lege mich nicht auf die Definitionen fest, die die Psychologie liefert. Mir genügen ganz einfache Feststellungen. Zum Beispiel gibt es den Verkünder schlechter Botschaften. Vielleicht erinnert sich der Leser noch an den Prolog und die Ausführungen zu Tante Änne. Tante Änne lebte in diesen Botschaften, auch wenn sie gelegentlich Exkurse zu den Heilmitteln einflocht (Tee gegen die Ausdünstungen von Atomkraftwerken). Nach dem, was wir über die Parallele zum Träumen wissen, ist das Verkünden von schlechten Botschaften eigentlich das verständlichste Thema aller Schwätzer. Sie haben Angst. Und hüllen die Angst in ihre Beschreibungen. Sie nähen sie förmlich ein. Sie kosten es aus, wenn andere sich nach ihren Berichten noch mehr fürchten als sie selbst. Rein äußerlich gehört dazu ein in Sorgenfalten gelegtes Gesicht. Es ist die unmissverständliche Ankündigung, dass nun niemand den Redefluss stören darf, weil es ums Ganze geht. Wer will schon das Ganze verpassen? Aber die Sorgenfalten sind nicht nur ein formaler Trick. Sie entsprechen dem wirklichen Gefühl.

In der Antike gibt es ein großartiges Beispiel für diese Art von Schwätzerei. Gemeint ist die *Ilias* von Homer, nach heutigem Wissen in der zweiten Hälfte des 8. Jahrhunderts v. Chr. entstanden. Dort gibt es eine Dame mit Namen Kassandra. Von Apollon wegen ihrer Sprödigkeit verflucht, erhält sie eine perfekte Sehergabe, aber auch das Schicksal, keinen Glauben zu finden. So kündigt sie den Trojanern fortwährend ihren Untergang an, aber die reagieren nur genervt, weil jeder sie für eine Schwätzerin hält, die lediglich ihre Tagesreste verarbeitet. In diesem Fall haben sich die Trojaner jedoch getäuscht. Sie hätten zuhören, ein einziges Mal die Abscheu vor der Schwätzerei zurückstellen sollen. Denn Kassandra war keine Schwätzerin. Sie brauchte nur Zeit für ihre Details, denn sie wusste Bescheid. Aber sie wusste nicht, wie sie ihre Ankündigung so vorbringen konnte, dass niemand sie für eine Schwätzerin hielt. Das Ende ist bekannt. Troja fiel.

Das interessiert hier nicht. Uns interessiert, dass Kassandra Nachfolgerinnen und Nachfolger gefunden hat, die wirklich nur schwätzen. Natürlich mit innerer oder vielleicht sogar direkter Berufung auf Kassandra. Es gibt jedenfalls viel Selbstbewusstsein, eine Warnerin oder ein Warner zu sein, wenn man weiß, dass man eine solche Person schon einmal sträflich vernachlässigt hat. Übrigens genügt in der vielberufenen abendländisch-christlichen Tradition auch der versteckte Hinweis auf die Bibel, auf das Alte Testament (das die Christen von den Juden übernommen haben). Dort gibt es die Propheten, die eigentlich alle Untergangspropheten waren. Natürlich reagierten die Juden wie die Trojaner und kümmerten sich meist nicht darum (wobei ich nicht weiß, ob ich mir noch einmal den Scherz erlauben kann, sie für

Leute zu erklären, die in den Propheten Schwätzer sahen). Ob Kassandra oder die Propheten: Das Modell ist gefürchtet, weil die Folgen bekannt sind. Also gibt es kaum etwas Besseres für die Schwätzerei als die Warnung vor Unheil.

Außerdem lässt es sich unglaublich farbenreich ausmalen. Man denke an Fälle wie das Waldsterben. Man kann es im Allgemeinen erwähnen und zum letzten Spaziergang überleiten (den Tagesrest!), bei dem man über abgestorbene Bäume nur so gestolpert ist. Und all die geheimen Zeichen. *Hast du schon einmal im Wald nach oben gesehen? In die Kronen? Wie nur dort noch Nadeln oder Blätter existieren? Und erst die Borkenkäfer. Du musst einmal ein Stück Rinde abschälen und druntergucken. Ein wahrer Horror von Gängen und Bohrlöchern.* Vielleicht folgt dann auch noch der Hinweis auf Sendungen im Fernsehen (länger zurückliegende Tagesreste). Man sagt einen Satz dazu und muss Dutzende folgen lassen, um den Satz nicht zum Fragment werden zu lassen. Wo ohnehin jeder zuhören muss, weil man Bedrohungen gegenüber Respekt zeigt. Themawechsel würde bedeuten, dass man nicht wissen will, woran man untergeht. Unmöglich. Und wieder ein Plus für das Erzählen schlechter Botschaften. Es garantiert Zuhören wie Einschaltquoten im Fernsehen (nein, ganz stimmt dies nicht, weil man die Fernbedienung ungestraft drücken kann, wenn man alleine ist).

Wenn ich mir im zweiten Kapitel Hilfe bei der Philosophie in Gestalt von Schopenhauer geholt habe, so nun bei einem viel weniger bekannten Autor, der dafür dasselbe gesagt hat wie ich. Es handelt sich um Émile-Auguste Chartier, einen französischen Intellektuellen zu Beginn des 20. Jahrhunderts, der unter dem Pseudonym Alain in verschiedenen Zeitungen Aphorismen veröffentlichte. Seine Spezialität lag darin, die gewohnte Perspektive hinsichtlich Grund und Folge umzukehren. So behauptete Alain, dass Glück nicht zu Lächeln führe, sondern umgekehrt Lächeln Glück hervorrufe. Typisch für die Moderne, die gegen den ausgelaugten Geist den Körper in den Vordergrund rückt. Und dies auch in einem Artikel mit dem Titel *Jeremiaden* (man merkt jetzt den Zusammenhang). Alain erzählt von einem Anstreicher, der sich über das Wetter beklagte, obwohl der Sommer insgesamt heiß war. Sein Schluss: Freudige Nachrichten haben keine Autorität, nur Traurigkeiten flößen Respekt ein. Vor allem aber: Traurigkeiten vermehren die Traurigkeit. Wer sein Haus wie ein Leichenhaus dekoriere, werde davon noch trauriger. Ja, Traurigkeiten seien ansteckend wie die Cholera, in gewissem Sinne selbstansteckend. Sie garantierten ein Publikum: *Wer seinen Leidenschaften nachgibt, verfügt über eine so überzeugende Beredsamkeit, dass er die Galerie immer für sich hat und dass der, welcher gerecht zu sein versucht, neben ihm die Rolle des Dummkopfs spielt. So wird aus der Jeremiade ein Dogma und eine Höflichkeitspflicht.* Endlich einmal jemand, der es begreift. Und der mich versteht (was rein logisch gemeint ist, Alain ist 1951 gestorben).

Gibt es auch Verkünder guter Nachrichten? Ja, aber weniger bei Schwätzern. Schon in der Literatur sieht man sich vergebens um. Einfach läppisch. Ich lasse natürlich die Blasphemie beiseite, die Bibel als Musterbeispiel zu nehmen, weil es eine Übersetzung gibt, die als Titel nicht Neues und Altes Testament wählt, sondern eben: *Die Gute Nachricht.* Mag sein, dass amerikanische Evangelisatoren das in eine Art Realität übersetzen. Aber predigen ist nicht schwätzen. Prediger haben sowieso das Recht, ja die Pflicht zum Dauerreden. Sie dominieren niemanden. Darum geht es aber gerade jetzt, wo wir geeignete Themen betrachten. Und dabei schneiden gute Nachrichten einfach schlecht ab. Sie haben zum Beispiel den Nachteil, dass man darüber lachen kann. Lachen löst die Spannung auf. Lachen unterbricht den Redefluss, garantiert keine Fortsetzung, sondern eher im Gegenteil. Guten Nachrichten kann man viel besser widersprechen als schlechten. Wer schlechten widerspricht, outet sich als Ignorant. Wer guten widerspricht, präsentiert sich als tiefsinnig mit Lizenz zum anschließenden Gegengeschwätz. Gute Nachrichten sind so gesehen nicht Grundlage des Schwätzens, sondern allenfalls Stichwortgeber für die Vertreter des warnenden Genres.

Aber es gibt noch eine ganz besondere Variante in diesem Zusammenhang. Es gibt diejenigen, die von den anderen nur gute Nachrichten fordern, während sie selbst nur schlechte bieten. Der Grund liegt auf der Hand: Sicherung der Lufthoheit im Schwätzraum. Diejenigen, die gute Nachrichten fordern und selbst bieten, kommen nicht weit. Sie sind praktisch geborene Opfer (was es nach meiner Theorie eigentlich nicht geben darf). So weit zu schlechten und guten Nachrichten, mit wesentlich mehr Vorteilen bei den schlechten als Grundlage des erfolgreichen Schwätzens (aber nicht, dass dies jemand als Rezept missversteht).

Monothematische Schwätzer

Verbreiter schlechter Nachrichten (und natürlich auch guter, aber die kommen ja nicht weit) sind die typischen Vertreter von gemischten Programmen. Schlechte Nachrichten (ich sage nichts mehr zu den guten) gibt es eben immer neu, das gehört geradezu zu ihrer Schlechtigkeit (was schon immer schlecht war, ist keine schlechte Nachricht: logisch). Aber es gibt auch die Schwätzer mit den immer gleichen Themen – darf man einmal ein etwas geschraubtes Fremdwort verwenden und von monothematischen Schwätzern sprechen? Meines Erachtens sind sie nicht unbedingt die erfolgreichsten Schwätzer, weil sie sehr viele gute Eigenschaften haben müssen, um diese schlechte aufzuwiegen. Sie sind einfach nur Spezialisten, was es ja auch sonst im wahren Leben gibt. Die monothematischen Schwätzer (ach, wie das nach Wissenschaft klingt!) behandeln zum Beispiel ihren Beruf, können sich nicht sattreden über die immer neuen Erlebnisse im immer gleichen Umfeld. (Über Berufe und ihre spezifischen *Bindungen* an Themen spreche ich später.) Lehrer sprechen über die Schule, Anwälte über ihre Strafsachen, Ärzte über Blinddärme (besonders gerne beim Essen), Broker über Aktienkurse und so weiter und so fort.

Ich möchte betonen, dass dies nicht so sein muss, dass die meisten Menschen ihren Beruf ausüben und sich daneben für eine Menge andere Dinge interessieren, worüber sie schwätzen können. Aber es gibt eben auch diese Spezialisten. Sie kennen sich aus in ihrer Welt und wissen, dass ihr Gegenüber keine Ahnung hat. Was liegt näher, als ihm diese Ahnung beizubringen? Welche gute Tat, welche Nachhilfe in einem hilflosen Leben! Der Arme weiß nichts von der letzten Schulreform: Wie soll er wissen, wohin er sein Kind schickt? Der noch Ärmere lebt so vor sich hin und ahnt nichts von den Verbrechen, die um ihn herum geschehen. Wie kann er nächtens ausgehen ohne besondere Schutzmaßnahmen? Der Naive, der nicht ahnt, was ein Blinddarmdurchbruch bei einer Afrikasafari bedeuten kann, was sich an den Börsen tut und so weiter und so fort. Überall ist Bedarf für Aufklärung. Da sind Schwätzer gefragt, die ihrer Verantwortung gerecht werden. Auch bei der nächsten und übernächsten Party, auch bei den gleichen Leuten, denen man das Wichtigste nicht oft genug sagen kann. Hier sind wahre Spezialisten am Werk, die der Menschheit einen unschätzbaren Dienst erweisen. Sie muss nur zuhören, ganz kostenlos, sogar ohne besondere Emotionen. Gelegentliches Nicken genügt.

Und diejenigen, die keinen aufregenden Beruf haben? Können die niemals Schwätzer werden? Natürlich. Statt eines aufregenden Berufs genügt auch eine aufregende Familie. Was kann man nicht alles lernen von den Unfällen und Glücksmomenten der Ehegatten und Geschwister, der Kinder und Enkelkinder? Was für ein Kosmos ist diese Welt der biologischen Zwangsbeziehungen? *Kannst du dich noch an XY erinnern? Was, nicht? Dabei war das doch das Allerletzte. Einen Augenblick, ich erzähle es dir noch einmal.* Und dann erst die überraschenden Wendungen, die Querschläger, die Ereignisse, die jeden Krimi in den Schatten stellen. *Weißt du noch, was ich dir von XY erzählt habe, von seinem Glück? Jetzt sitzt er im Gefängnis. War eigentlich vorherzusehen, denn es lief schließlich so und so.* Der Beruf mag eine komplexe Welt sein, die Familie ist eine mindestens gleich komplexe. Und das mit Garantie zu dauernder Veränderung. *Du kannst dich doch noch an XY erinnern. Weißt du, was er jetzt macht?* Wer könnte da erstens nein sagen und zweitens, dass es ihm egal ist? Nicht nur wegen der Beleidigung, auch wegen der niederträchtigen Verweigerung, einen neuen Winkelzug an Dummheit oder Bösartigkeit in dieser Welt kennenzulernen. Die Familie ist in Wahrheit das wichtigste Thema, weil es jeden angeht, weil jeder besonders viel zu lernen hat. Deshalb muss er zuhören. Der Tagesrest verschmilzt nahtlos mit der didaktischen Komponente. Man lernt an Fällen, die einen nicht selbst angehen, die nur als Vorbild dienen. Wie praktisch! Und wie zwingend, sich darauf einzulassen.

Beruflich fixierte Schwätzer

Und nun zu den Berufen. Ich meine zur Frage, ob es Berufe gibt, die in besonderer Weise Schwätzer hervorbringen. Oder über Menschen, die Berufe deshalb ergreifen, weil sie zu ihnen als Schwätzer passen. Man wird mit der Zustimmung zögern. Dabei gibt es ein sehr suggestives Beispiel. Ich will gleich sagen, dass es meiner Meinung, weil meiner Erfahrung nach nicht wirklich stimmt, aber die meisten glauben daran, das genügt im Augenblick. Ich denke an den Friseur. Zum allgemeinen Glauben sei eine Mitteilung vorgezogen, die später zu vertiefen ist. In einer der frühesten Beschreibungen des Schwätzers, aus der Zeit der Spätantike stammend, wird der Friseur in dieser Hinsicht erwähnt und interessanterweise in Schutz genommen. Plutarch (wie gesagt, Näheres später) führt die Schwätzerei des Friseurs darauf zurück, dass so viele Schwätzer (wie er sich ausdrückt, aber auf Griechisch) zu ihm kommen und ihn schlicht prägen. Einem auf diese Weise geschwätzig gewordenen Friseur soll ein Kunde auf die Frage, wie er die Haare geschnitten haben wolle, geantwortet haben: schweigend. Eine nette Pointe, aber auch eine blöde Pointe, weil sie den Beruf schlechtmacht, obwohl doch gerade herauskam, dass seine Vertreter unschuldig sind.

Und heute? Meines Erachtens kann die Auskunft nur lauten: Es gibt solche und solche. Das Schwätzen kann natürlich insofern beruflich bedingt sein, als der Friseur glaubt, dass der Kunde glaubt, dass er, der Friseur, schwätzen muss. Deshalb schwätzt er eben. Er will schließlich den Kunden nicht verlieren. Außerdem ist Schweigen einfach peinlich. Man merkt es, wenn man im Stuhl Platz genommen hat und sich im Spiegel irgendwie langweilt. Aber schwätzen? Meine Friseurin schwätzt nicht, sie antwortet nur freundlich auf meine Schwätzversuche. Meine früheren Friseure (ich hatte in meinem Leben nicht allzu viele, weil ich friseurtechnisch ausgesprochen monogam bin wie wohl die meisten) schwätzten auch nicht. Im Gegenteil. Ich kenne wenige Menschen, mit denen es im geschwätzlosen Pingpong so gut geklappt hat wie im Friseursalon. Der Rest ist Dichtung. Siehe den Barbier von Sevilla, der übrigens auch nicht schwätzte, sondern nur schlau war. Was wirklich etwas anderes ist.

Und andere Berufe? Sprechen zum Beispiel Lehrer mehr über die Schule als Juristen über ihre Knackis oder Ärzte über Blinddärme? Man müsste einmal eine Erhebung machen, aber ich bin skeptisch. Ich vermute, es kommen keine extremen Pendelschläge heraus. Nein, der Beruf kann es nicht mit Motivationen wie dem Kassandra-Syndrom oder gar der Verarbeitung von Tagesresten aufnehmen. Berufe sind vermutlich unspezifisch, wenn schon beim einzigen angeblichen Schwätzer-Beruf die Erfahrung gegen die Sprichwörtlichkeit spricht. Ich jedenfalls spreche die Berufe frei. Sie sind hinsichtlich der Schwätzerei einfach neutral. Wer über seinen Beruf schwätzt, schwätzt nicht des Berufes wegen, sondern weil er dort die meisten Tagesreste findet. Oder einen Grund für Warnungen. Oder beides. Wenn es wirklich eine Ausnahme gibt, dann vielleicht die des Politikers. Bei ihm gehören Inhalte zwar zu dem, was er für gewöhnlich fürchtet wie der Teufel das Weihwasser. Aber auf eine andere Art sind Inhalte das, worüber er sich definiert. Um als Politiker zu erscheinen, ist ein Verzicht auf politische Themen geradezu tödlich. Man würde ihn einfach nicht ernst nehmen. Politiker ähneln so Schornsteinfegern, die man auch nur erkennt, wenn sie schwarz gekleidet sind. Politiker-Schwätzer muss man so gesehen fast in Schutz nehmen. Es gibt jedenfalls Wichtigeres, über das man sich bei ihnen ärgern kann.

Gehen wir also über zum Tagesordnungspunkt »Verschiedenes«. Ehrlich gesagt, wird dies ein kümmerliches Zusammenkehren von Resten. Mir fällt zur Problematik der Themen eigentlich nur noch ein, dass es eigenartige Abmachungen gibt, was erlaubt ist und was nicht. In einem Club, einem fast reinen Männerclub übrigens, dem ich einmal beitreten sollte, warb der engagierte Vertreter bei mir mit dem Hinweis darauf, dass hinsichtlich der abendlichen Gespräche die Regel gelte: keine Frauen, keine Politik. Damit sei jeder Abend gerettet. Das Gespräch vollzog sich vor gut zwanzig Jahren, woran man ablesen kann, wie sehr mich diese Auskunft beeindruckt hat. Ich habe nie erfahren, was in diesem Club die Schwätzer als Themen bevorzugten. Aber ich habe nicht zugesagt. Nicht wegen der Frauen und der Politik, sondern wegen der Idee, Grenzen zu ziehen. Und wenn mir danach gewesen wäre? Den Mund halten, weil es eine Regel gibt? Kam für mich nicht infrage. Heute glaube ich, dass die Regel vermutlich die Schwätzerei noch langweiliger machte, als sie ohnehin schon ist. Was bleibt schon an Tagesresten, wenn (bei Männern) die Frauen und die Politik ausgeklammert werden? Soll man sich über Fußball unterhalten? Oder die Grippewelle? Und was, wenn jemand sich jetzt in aller Ruhe über seinen Besuch beim Zahnarzt ergehen kann? Oder von seinen Kochkünsten erzählt?

Weiterhin fallen mir wirklich nur noch kleinste Kleinigkeiten ein. Es gibt zum Beispiel ganz offenbar Einflüsse auf das Schwätzen, die von der Hierarchie ausgehen (besonders in Deutschland). Das gilt natürlich zuallererst für das Schwätzen überhaupt, weil Chefs mehr schwätzen dürfen als ihre Sekretärinnen. Aber es gilt wohl auch für die Inhalte. Chefs schwätzen, wenn sie sich etwas wert sind, nicht in Anwesenheit ihrer Angestellten über Kleinkram. Das mindert das Ansehen als Chef. Und noch ein Punkt, für den ich nicht einmal einen Absatz mache. Was ist mit dem Bildungsstand? Funktioniert Schwätzen bei Abitur und Studium anders als ohne? Natürlich, was die Inhalte angeht (es gibt schließlich völlig andere Tagesreste). Aber nicht, was die Eignung fürs Schwätzen betrifft. Schwätzen ist eher bildungsunabhängig. Das ist es ja. Selbst hohe Bildung, die eigentlich mit dem Studium von Moral wenigstens im weitesten Sinne in Berührung gekommen sein müsste, feit nicht gegen Schwätzen. Fast möchte man meinen: im Gegenteil. Jedenfalls könnte die Zungenfertigkeit als solche bei höher Gebildeten weiter fortgeschritten sein als bei weniger hoch Gebildeten. Aber was macht das schon? Beide Gruppen sitzen abends vor dem Fernseher und erleben ungefähr dasselbe, was den Weltlauf im Allgemeinen und Katastrophen im Besonderen betrifft. Schließen wir den Tagesordnungspunkt »Verschiedenes«. Es gibt nicht viel davon.

Viertes Kapitel

Weibliche und männliche Schwätzer

Vom Nutzen der Gendertheorie

Ich weiß, hier könnte sich das Schicksal dieses Büchleins entscheiden. Wenn ich verkünde, Frauen seien die größeren Schwätzer, kann ich einpacken. Wir unterhalten uns hier nämlich nicht über die Paarbeziehung, in der sich nach dem Schema von Allan und Barbara Pease die Nesthüterin Frau zur Plapperin entwickelt hat, während der Beutejäger Mann lieber am Feuer sitzt und in die Flammen starrt (nachzulesen in: *Warum Männer nicht zuhören und Frauen schlecht einparken,* vor allem im vierten Kapitel). Wir haben es mit Frauen und Männern in der Gesellschaft oder wenigstens in der Geselligkeit zu tun, bei Partys zum Beispiel. Und da gelten die Regeln der Zivilisation. Mag sein, dass Frauen bei *ihren* Männern gern und viel reden, dass sie dabei nur laut denken und gleichzeitig noch anderes tun können. Mag sein, dass Männer bei *ihren* Frauen Sprechmuffel sind, gern mit sich selbst reden und sich nur auf *ein* Thema konzentrieren können. Aber all das gilt für Frauen und Männer zuhause. Unter sich. Schon im Büro herrschen andere Regeln. Und da wird Schwätzen zum Problem. Niemand will *dort* als Schwätzer gelten. Frauen nicht und Männer nicht.

Daher also meine Vorsicht. Aber ich sehe das Problem auch nicht aus der Sicht von linken und rechten Gehirnhälften und dem angeblich dickeren *Corpus callosum,* dem Verknüpfungsstrang, bei Frauen. Mag ja sein, dass es biologische Unterschiede gibt (ich verstehe zu wenig davon).

Aber Frauen und Männer unterscheiden sich ohnehin nicht nur nach der Biologie. Es gibt die Genderforschung. Und die lehrt, dass es neben dem unbestreitbaren Geschlechtsunterschied einen anderen und möglicherweise gravierenderen Unterschied gibt. Den zwischen biologischem und sozialem Geschlecht. Das Weibliche an einer Frau ist also nicht nur biologisch bestimmt, sondern auch sozial festgelegt. Frauen *sind* mit anderen Worten nicht nur Frauen, sondern *spielen* Frauen. Sie entsprechen Erwartungen an weibliche Rollen, indem sie zum Beispiel mit Puppen spielen, die ihnen Menschen geben, die glauben, dass dies weiblich ist. Dasselbe gilt natürlich auch für den Mann, dem man als Kind irgendwelche handfesten Dinge zum Spielen gibt, zum Beispiel (nein, nicht mehr Zinnsoldaten, die sind out) Feuerwehrautos.

Und damit wird alles noch viel anstrengender als ohnehin schon. Wenn man also fragt, was weibliches und männliches Schwätzen unterscheidet, muss man auch fragen, was dabei jeweils die Erwartungen und die Erwartungen von Erwartungen ausmacht. Frauen könnten zum Beispiel schwätzen, weil sie glauben, dass Männer sie sonst nicht ernst nehmen, so wie Frauen in gehobenen Positionen Anzüge tragen (während außer Prinz Charles noch kein Mann in Röcken gesichtet wurde). Übrigens könnten Männer auch deshalb in Frauenbegleitung schwätzen, weil sie glauben, sonst nicht ernst genommen zu werden. Und damit ist der Geschlechtsunterschied beim Schwätzen dahin. Jedenfalls als Geschlechtsunterschied. Wie kommen wir nun weiter? Natürlich wäre es schön, wenn wir Statistiken besäßen. Von Frauen sind 75,3 Prozent Schwätzerinnen, von Männern … Nein, ich tappe nicht in die Falle, zumal es keine Statistiken gibt. Sie wären nach dem Voranstehenden ja auch zwecklos, weil nicht zu unterscheiden ist, ob die

Frauen als biologische Frauen oder als soziale Frauen schwätzen. Aber wir können uns statt mit wirklichen Frauen und Männern mit Erwartungen an Frauen und Männer beschäftigen. Zum Beispiel damit, ob es Unterschiede in den Themen gibt. Im vorigen Kapitel war in dieser Hinsicht nur von Tagesresten, berufsbedingten Motivationen und sonstigen Allgemeinheiten die Rede. Gibt es dabei auch noch eine weibliche und männliche Perspektive? Oder genauer: Erwartungen an eine weibliche und männliche Perspektive?

Real ist zum Beispiel die Erwartung (die Leserin oder der Leser ist jeweils so freundlich, den Unterschied zur Realität im Blick zu behalten), dass Frauen keine Geheimnisse bewahren können. Frauen würden danach beim Schwätzen gerne Geheimnisse ausplaudern. Selbst wenn die Unterstellung falsch ist, ist sie nachweisbar sehr alt. Schon im frühen 2. Jahrhundert n.Chr. hat ein Autor (es ist Plutarch, aber darüber später mehr) in einem Beitrag über den Schwätzer eine Geschichte erzählt. Ein römischer Senator quält sich zuhause mit Sorgen, die er jedoch nicht äußern darf, weil es sich um geheime politische Entscheidungen handelt. Seine Frau bemerkt es, will unbedingt wissen, worum es geht und verspricht zu schweigen. Der Senator kommt in Bedrängnis und erzählt ihr, über Rom sei eine Lerche mit goldenem Helm und einem Speer gesehen worden, worüber man gerade höchst geheim die Auguren, also die Wahrsager, befrage. Darauf verlässt er das Haus und geht in die Senatssitzung. Die Frau erzählt die Geschichte natürlich postwendend ihrer Sklavin, die es augenblicklich der nächstbesten Person weitergibt. Als der Senator den Senat betritt, fragt ihn jemand, ob er schon gehört habe, dass über Rom eine Lerche mit goldenem Helm und einem Speer gesehen wurde, worüber man gerade höchst geheim die Auguren befrage.

Hübsch erzählt, würde jetzt wohl jeder Mann sagen. Die geschwätzige Frau ist eine geheimnisausplaudernde Frau. Dabei ist es geblieben, weil eine andere Vorstellung von der Frau geblieben ist: die vom schwachen Geschlecht! Wer weniger Muskeln hat, hat auch weniger Widerstandskraft beim Festhalten von Geheimnissen. Die männliche Härte fehlt (wir sprechen weiterhin von Erwartungen). Das Ausplaudern von Geheimnissen ist so gesehen geradezu biologisch bedingt. Es fehlen einfach bestimmte psychische Muskeln. Wieso glaubt man das auch heute noch, wo die Psychologie sich verfeinert hat? Eben, weil sie sich vielleicht in der Wissenschaft, aber nicht im Alltag verfeinert hat. Die Geschichte vom Senator und der Lerche (ersatzweise vom Vorstandsmitglied und einem Ufo) könnte man in jedem heutigen Männerclub erzählen. Großes Lachen garantiert.

Machen wir die Gegenprobe. Was ist das wichtigste Klischee bei den schwätzenden Männern? Ich würde sagen: die Angeberei. Dazu fällt mir der Werbespot (der Sparkassen) ein, bei dem sich zwei alte Schulkameraden nach langer Trennung wiederbegegnen und der erste Fotos von seinem Haus, seinem Auto und seinem Boot auf den Tisch knallt, was der andere cool überbietet. So sind sie, die Vorstellungen über Männer. Alle Angeber. Worüber schwätzen sie? Über das, was sie besitzen. Keine Geheimnisse, sondern ganz im Gegenteil protzige Fakten. Vielleicht nicht der Kontostand, das ist Spezialität der Amerikaner und bei uns immer noch tabu. Aber es gibt weit mehr als im (übrigens endlos parodierten) Werbespot. Das günstig verkaufte Auto: *Der Hansl hat natürlich nicht gemerkt, dass der Auspuff am seidenen Faden hängt.* Oder umgekehrt die ganz unter Preis erworbene Immobilie: *Man muss eben hart verhandeln, dann knicken sie schon ein.* Je nach Gegenüber und Uhrzeit (von Alkoholpegel nicht zu reden) können auch statt der Frau die Frauen eine Rolle spielen (diesmal besser keine Beispiele für die Sprache der Männer).

Neben den Plattheiten gibt es auch äußerst raffinierte Formen. *Das hat mir meine Sekretärin neulich auch gesagt.* Aha, er hat eine Sekretärin. Er sagt nicht: *Ich habe eine Sekretärin,* sondern er erwähnt sie nur im fortlaufenden Redestrom. Die Bewunderung gilt nicht nur der Sekretärin, sondern obendrein noch der scheinbaren Bescheidenheit, nicht von der Sekretärin zu sprechen. Das funktioniert bei allem, von dem man weiß, dass es dem anderen fehlt. Ich erwähne es kurz, das genügt zum Neid. So wie bei Erzählungen über den letzten Urlaub. *Du warst in Bayern? War denn dort das Wetter so wie bei uns auf Bali?* Oder bei Unterhaltungen über vergessene Pullover. *Der liegt sicher in meiner bescheidenen Hütte in der Toskana.* Das harte Geschlecht lässt Tatsachen sprechen. Es muss sich präsentieren, sonst ist es nicht das harte Geschlecht (ich spreche weiter über Erwartungen). Männer achten beim Schwätzen auf diese Form von Repräsentation, die man nur im Alltag Angeberei nennt. Jede Frau kann in Frauenkreisen Geschichten dieser Art zum Besten geben. Ebenfalls großes Gelächter garantiert.

Problemversteherinnen und Problemlöser

Es gibt also Erwartungen an schwätzende Frauen und an schwätzende Männer (und Erwartungen, die Frauen und Männer an schwätzende Frauen und Männer haben: pardon, aber das muss sein). Immerhin können Frauen auf diese Weise viel Reputation erwerben, wenn sie Geheimnisse *nicht* ausplaudern, und Männer, wenn sie *nicht* angeben.

Aber dabei handelt es sich ja nur um die ganz groben Zuschreibungen. Könnte es zum Beispiel sein, dass Frauen bei Frauen anders schwätzen als bei Männern und umgekehrt Männer bei Männern anders als bei Frauen? Das kann man nur uneingeschränkt bejahen.

Frauen (und nun merkt man deutlich, dass man ohne Gendervorstellungen überhaupt nicht auskommt) sind sozial festgelegt auf Verstehen, Problemlösen, ja auf Anerkennen, dass es Probleme gibt. Schwätzerinnen wissen das und verlassen sich darauf. *Ich darf dir doch meine Sorgen anvertrauen, wo du doch meine Freundin bist?* Und schon geht es los, beginnt die große Darstellung, wie schrecklich das Leben im Allgemeinen und die Pfunde im Besonderen sind. Wer es einmal geschafft hat, Aufmerksamkeit zu finden, kann nicht mehr unterbrochen werden. Die Freundin wird zur Müllablagestelle. Und wenn sie es einmal erduldet hat, wird sie sogar zur institutionalisierten Problemdeponie. In diesen Zweierbeziehungen gibt es kein Entrinnen, kein Argument, es doch einmal mit dem Wetter oder wenigstens den Kindern zu versuchen. Beziehungsprobleme sind unter Frauen anerkannte Probleme, in sich facettenreich und nur zu verstehen, wenn man jede Einzelheit kennt.

Entsprechend kommen die Einzelheiten, in langen Tiraden. Niemals könnte eine Frau Gleiches bei einem Mann versuchen. Viel zu groß die Gefahr, missverstanden zu werden (sodass man neben der verkorksten Beziehung zum Freund auch noch einen neuen Tröster am Hals hat). Außerdem gelten Männer nicht als Problemversteher. Und schon gar nicht als Spezialisten für Anerkennung von Leiden an Problemen. Männer sind Problem*löser*. *Schmeiß ihn doch raus,* würde völlig genügen. Womit das Thema gewechselt werden müsste und die Schwätzerei zu Ende wäre. Nein, Probleme sind etwas für Geschlechtsgenossinnen, nicht Geschlechtspartner. Männer schwätzt man anders nieder. Wie wäre es zum Beispiel mit rührenden Geschichten über Versöhnungen oder die Beobachtung von Sonnenuntergängen in Finnland? Das nimmt Männern den Mut zum Widerspruch. Sie sind zwar hart, aber nicht so, dass sie Rührendes offen ablehnen würden. Rührendes erträgt man zähneknirschend. Natürlich weiß dies die Frau (wir sind wie immer bei den Erwartungen, diesmal bei den Erwartungen von Erwartungen). Sonnenuntergänge garantieren Redefluss. Mit nervtötenden Klagen über einen nervenden Freund kommt man als Frau bei Männern nicht über drei Sätze hinaus.

Wie ist es umgekehrt mit den Männern? Zunächst, wenn sie ganz unter sich sind? Männer als Problemdeponie kommen kaum infrage. Aus dem einfachen Grund, weil dies Schwäche signalisieren würde. Und Schwäche können sich Männer nicht leisten. Sie bekommen bekanntlich lieber einen Herzinfarkt. Außerdem ist Männerversteher nicht einmal ein Schimpfwort (wie Frauenversteher), es ist einfach nicht existent. Männer äußern sich zu Fakten, so hart wie sie selbst. Aber nicht zu beliebigen. Schwätzer bevorzugen Fakten, die der andere nicht kennt. Autos fallen weitgehend aus, weil darüber jeder Mann mitreden kann. Mit neuesten Erkenntnissen über den Hybridmotor weckt man nur einen schlafenden Hund. Das Gegenüber hat ebenfalls die Zeitungen gelesen und kennt alle Vor- und Nachteile. Genauso ist es mit dem Fußball. Kein gutes Schwätzerthema. Welcher Mann wüsste nicht, welchen Tabellenplatz Bayern München gerade hat? Oder die Mannschaft seiner Heimatstadt? Autos und Fußball sind zwar Männerthemen, aber nur bedingt schwätzgeeignet.

Schwätzer wählen Dinge, die der andere nicht wissen kann. Dann kann dieser andere genauso wenig unterbrechen wie Frauen Problemschilderungen. Männer haben eben gelernt, dass man bei Fakten die Ohren spitzt. Erlebnisse aus dem Beruf sind da sehr geeignet. Man kann stundenlang erzählen, was im Büro funktioniert und nicht funktioniert. Jede Unterbrechung würde Desinteresse an etwas so Wichtigem wie dem Berufsleben signalisieren. Oder Meldungen über Politik, die man gerade aus erster Hand bekommen hat. Politik ist noch zwingender als der Beruf, politisch uninteressiert zu sein noch peinlicher, als sich nicht für Karrieren zu interessieren. Frauen gegenüber sind diese Themen dagegen geradezu tabu. Frauen haben auch Berufe und gehen zur Wahl. Aber ihr wirkliches Interesse liegt anderswo. Mit Karriere und Politik langweilt man sie. Das Schicksal von Prominenten ist viel besser. Mit Frauen unterhält man sich nicht über Angela Merkel und Frank-Walter Steinmeier, sondern über Claire Danes und Leonardo DiCaprio (muss ich noch einmal wiederholen, dass es hier immerfort um Erwartungen geht?).

Noch feinere Unterschiede

Gut, dies alles sind noch recht grobe Betrachtungen. Es ist etwas dran, aber sie werden in der Realität gelegentlich widerlegt. Ja, die Erwartungen gibt es. Aber es gibt genügend Frauen und Männer, die sich nicht daran halten. Das Gegenteil zu tun, ist so gesehen geradezu ein Erfolgsrezept wenn schon nicht fürs Schwätzen, so für gute Beziehungen. Aber wie sieht es mit den Feinheiten aus? Wie steht es zum Beispiel mit der folgenden Schwätzerei? Traut man sie eher einer Frau oder eher einem Mann zu? Ein Vorredner oder eine Vorrednerin hat gerade davon gesprochen, dass sie sich die Hand verstaucht hat. Darauf unterbricht das (weibliche oder männliche?) Gegenüber: *Ach, das ist ja schrecklich. Aber ich selbst habe mir neulich den ganzen Arm verstaucht.* Mit Einstieg in die komplette Geschichte vom letzten Urlaub in Italien. Ich weiß, jedes falsche Wort kann jetzt das Aus fürs Weiterlesen bedeuten. Deshalb zunächst eine weitere Geschichte. Ein Vorredner oder eine Vorrednerin hat gerade von den Ubiern gesprochen, die vor den Römern das Gebiet der späteren Stadt Köln bewohnt hatten. Darauf unterbricht das (weibliche oder männliche?) Gegenüber: *Ach, die Nubier sind ein unglaubliches Volk.* Mit Einstieg in die komplette Geschichte vom letzten Afrikaurlaub im nubischen Sudan.

Sieht man genügend deutlich den Unterschied? In beiden Geschichten erkämpft sich jemand das Wort mit äußerst unfairen Mitteln, geradezu mit Gewalt. Einmal geschieht dies mit Übertrumpfen, einmal mit Unterwandern. Wenn man es so formuliert, liegt die Lösung schon reichlich nahe. Wer übertrumpft, wer unterwandert? Frauen oder Männer? Völlig klar, dass beides von beiden Geschlechtern kommen kann. Es gibt eben plumpe Frauen und plumpe Männer. Wenn man eine Untersuchung durchführen würde mit entsprechendem Ankreuzen, würde es mit großer Wahrscheinlichkeit aber wohl eine Mehrheit für Männer im ersten und eine für Frauen im zweiten Fall geben, besonders wenn man die Fälle so alternativ einander gegenüberstellt. Das aber bedeutet, dass für Frauen tatsächlich andere Erwartungen ans Schwätzen existieren als für Männer. Von Frauen erwartet man eine gewisse Form von List, weil List die Unterlegenheit an physischer Kraft ausgleicht. Frauen, die Männer mit Gift umbringen, sind schließlich eher anerkannt als Männer mit der gleichen Mordmethode (Männer haben eben zum Messer oder zur Pistole zu greifen). Wenn Frauen das Wort erkämpfen, ist List also eher tolerierbar, weil sie zum weiblichen

Rollenklischee passt. Bei Männern ist das komplett anders. Listige Männer sind ein Unding. Männer haben hart zu sein, im Notfall grob. Grob ist nicht schön, aber typisch, denn Männer zeigen in ihrer Grobheit wenigstens ihre Männlichkeit. Wenn Männer das Wort also mit Grobheit erkämpfen, ist dies eher tolerierbar, weil es zum männlichen Rollenklischee passt.

Trotzdem ist die Geschichte nicht ganz zu Ende. Vielleicht reagieren Männer auf die Männer-Geschichte anders als Frauen auf die Frauen-Geschichte. Männer dürften plumpe Männer durchaus weniger kritisch sehen als Frauen plumpe Frauen. Frauen können plump sein wie Männer, aber Frauen dürften auf Plumpheit allergischer reagieren als Männer. Wenn man weiterfragt, wie Frauen reagieren, wenn im ersten Fall die Erzählung einmal von einer Frau und einmal von einem Mann ausging (und die Plumpheit jeweils vom Mann kam), dürfte es immer klarer werden, dass Frauen differenzieren, während umgekehrt für Männer in der zweiten Geschichte die Beurteilung wohl ungefähr gleich bliebe. Ein Plus also für die Frauen, wenn es um Differenzierung geht. Eine ganz andere Frage ist, ob Frauen *mehr* schwätzen als Männer. Wie gesagt, es fehlt an Statistiken. Und was sagt das Gefühl? Die Erfahrung all der Jahre voller Begegnungen mit Frauen und Männern? Hat die Emanzipation der Frau auch die Schwätzgleichheit gebracht, nachdem Frauen in Orchestern Trompete spielen und auf dem Fußballplatz andere Frauen beharken? Oder in einer Art Überkompensation die Männer übertreffen? Möglich ist es durchaus. Ein Königreich für eine klare Statistik!

Wenig Hilfe von der Literatur

Aber haben wir nicht einen Ersatz dafür? Es gibt doch die Literatur, geschrieben von Schriftstellerinnen und Schriftstellern, deren Aufgabe es ist, uns über das wahre Leben zu unterrichten. Ich meine nicht die erziehende, philosophierende oder sonstwie theoretisierende Literatur, die uns im nächsten Kapitel mit ihren unaufhörlichen Anklagen beschäftigen wird. Ich meine die »schöne« Literatur: Romane, Dramen als Tragödien oder Komödien, natürlich nicht unbedingt Lyrik. Wie ist es also dort? Bekommen wir wenigstens einen Wink zum Thema Schwätzen bei Männern und Frauen? Von Leuten, die sich auf das Seelenleben im Allgemeinen und das Geschlechterverhältnis im Besonderen verstehen (eine Statistik wäre mir immer noch lieber)?

Einen Wink schon. Der besteht zuerst einmal darin, dass es eine feste Schwätzerfigur gibt, die mindestens zweitausend Jahre immer wieder abgewandelt wurde. Und siehe da: Es ist ein Mann. Genauer gesagt: ein Soldat. Sein erster Auftritt erfolgte tatsächlich als Auftritt, nämlich in einer griechischen Komödie, die verlorenging, aber von dem Römer Plautus (wie viele weitere griechische Vorgängertexte) um 206 n. Chr. neu gestaltet wurde. Der Titel lautet: *Miles gloriosus*, was so viel bedeutet wie der glorreiche Soldat. Der Inhalt ist etwas kompliziert, weil eine Verwechslung zugrunde liegt, die uns hier nicht interessiert. Jedenfalls haben wir es mit einem Großsprecher zu tun, der bei der Schilderung seiner Heldentaten (die er alle nicht begangen hat) *auch* Vielsprecher ist. In der allerersten Szene ist er der allererste Sprecher und beginnt so:

Frisch dran! Der Glanz meines Schildes muss heller sein,
Als je am schönsten Sommertag die Sonne strahlt,

Auf dass er nötigenfalls, wenn es zum Treffen kommt,
Des Auges Schärfe raub im scharfen Kampf dem Feind.
Auf sein Schwert weisend: Denn ich muss diese Waffe wohl beschwichtigen,
Weil schon so lange feiernd ich sie bei mir trug.
Die arme sehnt sich sehr, Hackfleisch zu machen aus den Feinden.

Nett und sehr männlich also. Kein Wunder, dass sich Literaten an diesem Stoff festgebissen haben und ihn immerfort variierten. In der Commedia dell'arte der Italiener, die bekanntlich keine festen Texte kennt, sondern von der Improvisation lebt, wird er als *Capitano* zu einer Figur wie Harlekin und Kolumbine nebst all den anderen auch. Von dort importierte ihn sogar ein Deutscher, der brave Andreas Gryphius, der in seinen Sonetten immer von der Schlechtigkeit der Welt redet, was man angesichts des damals wütenden Dreißigjährigen Kriegs verstehen kann. Aber als der Krieg vorbei war, schrieb er auch eine Komödie, das soundsovielte Plautus-Remake, und zwar unter dem immerhin äußerst innovativen Titel *Horribilicribrifax.* Darin tritt natürlich ein *Capitano,* der jetzt *Capitain* heißt, unter diesem fürchterlichen Namen auf und hat einen Partner, der den fast noch fürchterlicheren Namen *Daradiridatumtarides* trägt. Über den Inhalt braucht man also nicht mehr viele Worte zu verlieren: Gleich zwei Maulhelden treffen aufeinander.

Übrigens stammt von diesem Soldaten noch eine weitere Figur der Weltliteratur ab, nämlich Falstaff. Shakespeare hat einen angeberischen Ritter, den es tatsächlich gegeben haben soll (und der am Galgen endete, aber nicht fürs Schwätzen), als komische Figur in sein Königsdrama *Heinrich IV.* eingeschmuggelt, was er bekanntlich selbst in den ernstesten Tragödien nicht lassen konnte. In diesem Fall gefiel die

Figur der zuschauenden richtigen Königin Elisabeth I. so sehr, dass Shakespeare eine ganze Komödie schreiben musste, in der Falstaff erneut auftritt: *Die lustigen Weiber von Windsor*. Aus beiden Stücken hat sich dann Verdi bedient, als er die Opernwelt gegen Ende seines Lebens nach all den Tragödien mit einer Komödie überraschte: eben mit dem *Falstaff*. In sehr kurzer Kurzfassung könnte man sagen, dass ein an Selbstüberschätzung leidender redseliger Offizier in einer Intrige gefoppt wird. Immerhin gibt es damit also auch einen singenden Schwätzer, sogar (wie soll es bei Verdi anders sein) einen unglaublich schön singenden. Aber es ist natürlich wieder ein Mann.

Wirklich natürlich? Jedenfalls gibt es keine weiblichen Maulhelden. Nicht, dass Frauen in der Literatur keine Laster hätten, aber nicht dieses. Nun könnte man einwenden: alles nur berufsbedingt. Der *miles gloriosus* war schließlich Soldat, und Soldatinnen gibt es erst seit dem 20. Jahrhundert. Also überhaupt keine Vergleichsmöglichkeit. Stimmt. Aber wenn man weiter in der Literatur nach großen Schwätzern sucht, landet man offensichtlich immer wieder bei Männern. Wenn man überhaupt irgendwo landet. Denn Schwätzergestalten haben es anscheinend nicht besonders oft zur literarischen Darstellung gebracht, auch bei Männern nicht. Wenn man sucht, kann man schon froh sein, gelegentliche Klein- oder besser Kleinstfiguren zu entdecken. Kennt jemand zum Beispiel Thompsen-Oldensworth? Er spielt in Fontanes *Unwiederbringlich* eine Nebenrolle, wobei sein Auftritt eigentlich mit folgendem Satz bereits beendet ist: *An der Spitze natürlich immer dieser Thompsen-Oldensworth, ihr halber Landsmann, ein mir unerträglicher Schreier und Schwätzer in seiner Mischung von Advokatenpfiffigkeit und biedermännischem Holsteinismus* [...]. Von dieser Sorte wird man wohl bei längerem Suchen noch eine ganze Reihe Beispiele finden. Aber wirklich markante Figuren, gute Typen?

Ja, doch, einen kann ich nennen, eine Prachtausgabe. Und in diesem Fall muss ich sagen: nicht als Frau vorstellbar. Thomas Mann hat ihn geschaffen, wobei man weiß, dass es im wahren Leben ein Vorbild gab, nämlich Gerhart Hauptmann, den Freund, mit dem er sogar gemeinsame Urlaube verbrachte. Diese Figur kommt im *Zauberberg* vor und heißt dort Mynheer Peeperkorn. Wie man weiß, spielt die Handlung in einem Schweizer Sanatorium, das sich nur Reiche leisten können. Unter denen ist Peeperkorn einer der reichsten, ein *Kaffeekönig im Ruhestand,* wie es heißt (Gott sei Dank, kein Soldat!). Er schnappt der Hauptfigur Hans Castorp die Geliebte weg, was selbst diesen nicht an Sympathie für ihn hindert. Noch weniger aber stört ihn dieses kleine Laster, das Thomas Mann noch mehr hervorhebt als die weißen Haare, an denen man wohl Gerhart Hauptmann erkennen soll. Wo zum Beispiel die Rede davon ist, dass Peeperkorn mit den Händen spricht, ist auch die Rede von *seinem fast unaufhörlichen, wenn auch* [...] *dem Inhalte nach nicht recht greifbaren Sprechen.*

Und dann die Wiedergabe eines Auftritts im kleinen Kreis der wirklichen und eingebildeten Patienten, die vielleicht die schönste Beschreibung unseres Phänomens in der Weltliteratur darstellt. Ich darf deshalb etwas ausführlicher zitieren: *Er* [man merkt schon, wer gemeint ist] *legte zart seine Hand auf den Unterarm seines Nachbarn zur Linken* [...]*, hob dann diese Hand schräg aufwärts, Schweigen und Spannung gebietend für das, was zu sagen er im Begriffe war, und blickte mit hochgezogenen Brauen, so dass die rechtwinklig von seiner Stirn zu den äußeren Augenwinkeln laufenden Falten sich maskenhaft vertieften, neben dem so Gefesselten auf das Tischtuch nieder, indes* *seine großen, zerrissenen Lippen, geöffnet, im Begriffe schienen, höchst Wichtiges zu entlassen. Nach einer Weile jedoch atmete er aus, verzichtete, winkte gleichsam »Rührt euch« und wandte sich unverrichteterdings seinem Kaffee wieder zu* […]. *Nachdem er ihn getrunken, verfuhr er, wie folgt. Er dämmte mit der Hand die Unterhaltung zurück, schuf Stille, wie der Dirigent, der das Durcheinander der stimmenden Instrumente zum Schweigen bringt und sein Orchester, kulturell gebietend, zum Beginn der Aufführung sammelt, – denn da sein großes, vom weißen Haar umflammtes Haupt mit den blassen Augen, den mächtigen Stirnfalten, dem langen Kinnbart und dem bloßliegenden wehen Munde darüber unstreitig bedeutend wirkte, so fügte alles sich seiner Gebärde. Alle verstummten, sahen ihn lächelnd an, warteten, und da und dort nickte einer ihm zur Ermunterung lächelnd zu* […].

Worauf Mynheer Peeperkorn zur wohl großen Überraschung des Lesers mehr oder weniger Einwortsätze aneinanderreiht wie *Gut. Alles gut. Erledigt* und so fort und der Erzähler schließlich kommentiert: *Er hatte nichts gesagt; aber sein Haupt erschien so unzweifelhaft bedeutend* […] *dass alle* […] *höchst Wichtiges vernommen zu haben meinten* […]. Für diese Art von »Sprechkultur« folgen dann köstliche Beispiele, auf deren Wiedergabe ich der noch größeren Länge wegen leider verzichten muss. Aber zwei Bemerkungen sollen noch unbedingt folgen. Eine der wichtigen Figuren, die den Erzähler mit ihren endlosen Diskussionen beeindrucken, gibt auch eine Charakterisierung von Mynheer Peeperkorn ab – als *Schwätzerchen*. Und die zweite nimmt unsern allzu lange unterbrochenen Gedankengang auf. Es gibt auch eine Frau neben unserm Helden Peeperkorn, seine Geliebte, nämlich Madame Chauchat. Sie ist eine der Hauptfiguren des Romans, mit der Spezialität, immer die Glastür krachend zuschlagen zu lassen, wenn sie den Speisesaal betritt. Thomas Mann charakterisiert auch sie sprachlich. Sie aber ist überhaupt keine Schwätzerin, sondern lässt sich *eine oder die andere spitze Bemerkung* [...] *entschlüpfen.*

In der Literatur, die hier allerdings mehr als auszugshaft in Erscheinung trat, ist der Schwätzer eben männlich, jedenfalls der Schwätzer mit Format. Oder sagen wir es noch anders: Literarisch lohnend sind nur männliche Schwätzer. Vermutlich wussten auch die Dichter, dass Frauen schwätzen können. Aber schwätzende Frauen sind ganz offenkundig literarisch uninteressant. Für die Realität lässt dies keinerlei Schlüsse zu. Wer wirklich mehr schwätzt – Männer oder Frauen –, werden wir ohne Statistik nie wissen.

Fünftes Kapitel

Klagen durch (fast) alle Jahrhunderte

Am Anfang drei Einzelschriften

Ich weiß nicht, ob dem Leser klar ist, was auf ihn zukommt. Es geht nun um theoretische Beiträge, um Philosophie – nicht um Darstellungen von, sondern um Urteile übers Schwätzen. Aber welcher Philosoph soll sich schon über dieses Thema geäußert haben, zumindest als das Papier oder gar das Pergament noch teurer waren als der Lohn fürs Verfassen? Irrtum. Es gibt fast keine Epoche in der europäischen Kulturgeschichte von der Antike bis zum 18. Jahrhundert (ja, danach hört es mehr oder weniger auf, das ist es ja), in der keine Zeugnisse dazu vorlägen. Dies liegt erstens daran, dass Philosophen sich in diesen langen Zeiten zur Moral äußerten, und zweitens daran, dass bei der Moral irgendwann der Umgang mit dem anderen drankam. Und dann tauchte er auf, der Schwätzer. Natürlich lernt man das nicht in der Schule, wenn man sich mit der Antike oder mit der Aufklärung beschäftigt. Und man muss auch zugeben, dass die ganz großen Helden der Philosophiegeschichte schon einmal das Thema vergaßen oder nur streiften. Aber es gibt genügend andere, die sich sogar sehr ausführlich darauf stürzten. Die Klagen über den Schwätzer sind mit anderen Worten zeitenübergreifend und flächendeckend. Weshalb ich das so hervorhebe? Weil es nichts genützt hat. Übrigens ist dies nicht der Grund dafür, dass seit dem 19. Jahrhundert das Thema durch war. Der Grund dafür liegt darin, dass es der Philosophie nicht tiefsinnig genug vorkam. Doch dazu später mehr. Weil die Stimmen so vielfältig sind und ich fürchte, dass der Leser die Geduld verliert, hier nur das Wichtigste.

Ausgerechnet am Beginn der Geschichte finden wir die meisten (und in gewissem Sinne besten, auf jeden Fall aber ausführlichsten) Zeugnisse. In der Antike gibt es drei komplette Einzelschriften zum Thema, also drei Texte mit dem Titel *Über den Schwätzer*. Der erste stammt von einem Schüler des großen Aristoteles, der dessen Schule in Athen fortführte: von Theophrast. Aristoteles selbst hat eine bedeutende *Ethik* geschrieben und sich bei der Frage des Umgangs miteinander eigenartigerweise nur auf Gefall- und Streitsüchtige, auf Prahler und Ironiker bezogen, unser Problem also nicht erkannt (Platon, ein noch reinerer Aristokrat als Aristoteles, noch weniger). Aber er hatte ja Theophrast. Und als der sich hinsetzte und ein kleines Büchlein schrieb über all die misslungenen Charaktere in der Gesellschaft (es hieß auch *Charaktere*), die einem das Leben zur Hölle machten (was Sartre also durchaus nicht als Erster merkte, als er sagte, die Hölle seien die anderen), behandelte er neben dem Schmeichler, dem Selbstgefälligen, dem Eitlen, dem Prahler und so fort sogar beide Typen, auf die uns alles ankommt: sowohl den Dauerredner (den *Redseligen* in der Übersetzung) wie auch den Dummschwätzer (den *Schwätzer* in der Übersetzung).

Die Kapitel sind nicht lang, eine halbe bzw. eine ganze heutige Druckseite, aber unter insgesamt dreißig Artikeln ganze zwei zu diesem Thema, geschrieben irgendwann nach 319 v. Chr. Der Dauerredner erzählte dabei vor mehr als zweitausend Jahren schon haargenau das, was heute noch seine Nachfahren erzählen: dass die Menschen immer schlechter würden zum Beispiel. Weiter geht es um die neuesten Weizenpreise, allerdings auch darum, dass er sich gestern erbrochen habe. Da sind wir heute etwas weiter. Beim Schwätzer, dessen griechische Bezeichnung vom lautmalerischen Lallen ausgeht, hören wir ebenfalls Dinge, die wir bis heute kennen, Tricks zum Beispiel, wie man zum Reden kommt: *Vergiss nicht, was du sagen willst!* Als wenn er darauf zurückkäme! *Gut, dass du mich daran erinnerst.* So sucht man natürlich nur Oberwasser zu bekommen, auch mit unserm immer noch erfolgreichen: *Was ich sagen wollte.* Entnervend die Rechtfertigung des Schwätzers für sein Schwätzen, die wirklich nur einem Naivling einfallen kann: *Er sagt, es sei schwierig für einen Schwätzer zu schweigen, die Zunge bewege sich von selbst, er könne nicht schweigen.* Schön dagegen die Kinderstimme ganz am Schluss des Artikels, die die Resignation vor dem Schwätzer geradezu mit Ewigkeitswert festhält: *Papa, noch ein wenig schwätzen, damit der Schlaf kommt.*

Theophrast verstand sich als Aristoteliker, will sagen: als Empiriker, in diesem Fall regelrecht als Psychologe, und vertrat die These, dass Charaktere angeboren, also nicht zu bessern seien. Hilfe gebe es nur für die anderen, nur beim Ertragen. Das hat sich geändert. In den verschiedenen Schulen, die sich in der Antike bildeten, kam es eher auf diese Besserung an, auf Heilung durch Philosophie. Den Paradefall dafür liefert Plutarch aus dem 2. nachchristlichen Jahrhundert. Der verstand sich als eine Art Aufklärer in der Tradition Platons und schrieb eigentlich über alles (neben philosophischen Themen die berühmten Biographien antiker Kaiser). Vieles ist verlorengegangen, nicht aber die gut dreißig Seiten über die Geschwätzigkeit (übrigens unter der Vokabel, die Theophrast für den Dauerredner benutzte). Man hat Plutarch diese dreißig Seiten vorgehalten und ihn als geschwätzigsten Beschimpfer der Geschwätzigkeit bezeichnet, was typisch ist für neidische Berufskollegen. Dabei hätte man lieber diskutieren sollen, ob nicht der ganze Ansatz verkehrt ist, also die Heilabsicht.

Denn darauf kommt es Plutarch an: mit möglichst schrägen Beispielen zu belegen, wie schrecklich diese menschliche Landplage ist. Voller Brillanz schon der Einsatz. Die Schwätzer seien schwer zu bessern, weil sie eben nicht zuhörten, lautet der erste Satz. Und dann: Sie blamierten die Natur, weil Menschen schließlich zwei Ohren, aber nur eine Zunge hätten. Dass den Schwätzern wohl auch der Kanal fehle, der vom Ohr zur Seele reiche, klingt demgegenüber etwas weit hergeholt. Anders die hübsche Idee, dass es doch die Zähne als eine Art Palisade zur Eindämmung der Zunge gebe und man sich auf selbige beißen könne, wenn sonst nichts nütze. Insgesamt nette Sprüche. Die vielen Seiten aber werden gefüllt von den abschreckenden Beispielen. Schön zum Beispiel der Vergleich des Schwätzers mit dem Betrunkenen, wobei der Betrunkene nur betrunken lalle, der Schwätzer aber immer. Schön auch historische Fälle von Unheil durch Schwätzerei. Rom zum Beispiel wäre einmal fast Nero losgeworden, wenn nicht einer geplaudert hätte (was Plutarch seinen Biographien entnimmt). Eindringlich die Darlegungen, wie Schwätzer wirken: dass sie diejenigen um den Verstand bringen, denen sie zu gefallen hoffen, dass sie sich lächerlich machen, wo sie Bewunderung erwarten. Tiefschürfend der Hinweis etwa darauf, dass man Ungesprochenes noch aussprechen, aber Gesprochenes nicht mehr zurücknehmen kann (mit anschließenden Beispielen für Katastrophen nach ausgeplauderten Geheimnissen).

Und dann gegen Ende das große Pathos des Lehrers: Nein, alles sei nicht gegen die Schwätzer gerichtet, sondern nur ein Versuch, sie zu heilen (Theophrast hätte nur gestöhnt). Und dann auch noch der Hinweis auf den feierlichen, heiligen, ja mystischen Charakter des Schweigens, wie er von den Priestern des Apollotempels in Delphi bezeugt werde (wovon Plutarch selbst einer war). Zuletzt gar die Warnung der Schwätzer vor ironischen Typen, die ihnen nur deshalb Fragen vorlegten, um ihnen Gelegenheit zur Blamage zu geben. Wie rührend. Und wie vergeblich. Es hat damals nichts genützt und es nützt heute nichts. Der größte Heilversuch der Geschichte ist nicht nur gescheitert, sondern hat eigentlich für alle Zeiten klargemacht, dass er vergeblich ist. Plutarch hätte seinen eigenen ersten Satz beherzigen sollen.

Epikureer und Stoiker

Unbelehrbarkeit und Lehrwille: Beides hat es also am Anfang gegeben. Dazwischen breiteten sich die Schulen aus und gaben ihren Senf zum Thema. Die wichtigsten sind die Stoiker und die Epikureer, die über Jahrtausende als die große Alternative in der Lebensführung begriffen wurden: stoisch dulden und die Tugend hochhalten oder epikureisch leben und es sich gut gehen lassen (die Christen waren übrigens später für die Stoiker und attackierten die anderen als *epikureische Säue*)? Ein ausgewachsener Epikureer aber hat die dritte selbständige Schrift zum Thema verfasst, nämlich Horaz, von dem das geflügelte Wort *carpe diem*, eigentlich: pflücke den Tag (aber wirklich gemeint: Trink dir einen, solange du kannst), stammt, was das epikureische Lebensideal perfekt auf den Punkt bringt. Zur Zeit des Augustus und sogar als Freund des großen Kaisers schrieb Horaz Satiren über die römische Gesellschaft. Und siehe da, eine davon handelt vom Schwätzer (irgendwann nach 37 n.Chr., also lange nach Theophrast und lange vor Plutarch).

Wie es epikureische Art ist, regt sich Horaz nicht auf,

sondern bietet auf drei Druckseiten feinsten Spott, eingepackt in eine hübsche kleine Geschichte. Der Autor spaziert durch Rom, da kommt plötzlich jemand auf ihn zugerannt und beginnt mit der tiefsinnigen Frage, wie es ihm gehe. Aber die Antwort ist nicht das Ende der Beziehung, sondern im Gegenteil. Der Schwätzer krallt sich fest, redet über die schönen Neubauten auch dann, als er längst keine Antwort mehr bekommt. Am schrecklichsten aber: Er erkennt dessen Nöte und lehnt trotzdem jede Hilfe ab. Nein, er werde ihn nicht loslassen, sondern begleiten, wohin auch immer er gehe. Und dann will das Ungeheuer auch noch von Horaz bei Maecenas (für alle Zeiten den Mäzen, also den Gönner, bezeichnend) eingeführt werden. Als ein Freund von Horaz vorübergeht und dieser ihn um Erlösung anbettelt, stellt der sich auch noch dumm und macht sich über das Ganze lustig. Erst als jemand erscheint, der mit dem Schwätzer gerade vor Gericht ein Hühnchen zu rupfen hat, ist die Befreiung da. Man kann sich das Fazit denken: Horaz denkt so wenig an Belehrbarkeit wie einst Theophrast. Er ist eben Epikureer und weiß Bescheid. Menschen sind schrecklich, darunter diese Spezies: die Schwätzer. Was hilft, ist Rückzug, falls es denn damit klappt. Die ganze Satire gilt als eine feinsinnige Darlegung über das Verhältnis von Horaz zu Maecenas, den er niemals mit einem Schwätzer behelligen würde.

Und die andere große Schule: die Stoiker? Die bekannteste stoische Ethik hat Cicero geschrieben, der Anwalt, Konsul, Cäsar-Gegner, der mit seinen republikanischen Ideen immerhin filmreif unterging (er hat sich auf der Flucht vor seinen Häschern von einem Sklaven den Kopf abschlagen lassen). Das Stoische an dieser Ethik liegt in der Theorie von der Vereinigung aller Menschen allein durch die Sprache, dem Hymnus auf die schöne Zusammenarbeit, die das Leben wundervoll machen könnte (wenn es nicht Störenfriede wie, nein: nicht die Schwätzer, sondern Cäsar gäbe). Stoisch bedeutet in diesem Fall also zunächst einmal schwärmerisch. Dafür braucht man gebildete Menschen, die füreinander Verständnis haben, weil sie eben gebildet sind und sich unterhalten können. Und es ist völlig klar, wie diese Menschen sprechen: mit Charme zum Beispiel. Sie wissen, dass sie die anderen brauchen, und bemühen sich um sie. Natürlich geht das nicht mit Rechthaberei und ähnlichen Brutalitäten.

Unter diese Brutalitäten muss auch das Schwätzen fallen, das Cicero jedoch leider nicht behandelt. Fast. In einer Nebenbemerkung spricht er immerhin vom *prahlerischen Soldaten,* der sich vor anderen mit seinen Taten brüstet. Aber es wird sofort klar, dass das ein Ungetüm ist, nicht wirklich interessant. Interessant sind verständnisvolle und rücksichtsvolle Menschen. Die aber werden alles andere tun als schwätzen. Mit anderen Worten kann man Cicero unterstellen, dass er Schwätzen furchtbar fand. Aber er glaubte, dass das sowieso jeder weiß. Er selbst beschäftigte sich mit Feinheiten, nicht mit so Grobem. Es gibt schließlich Theophrast. Der stoische Weise, der andere Leute erträgt, weil er eben alles erträgt (und die Leidenschaften angeblich komplett abschafft), kümmert sich um Wichtigeres. Wenn es zum Beispiel um die Erlangung von Sympathie geht, kann Cicero ganze Kapitel füllen.

Aber dabei ist es nicht geblieben. Die Stoiker wurden immer stoischer, will sagen: immer tugendstarrer bei gleichzeitiger Erkenntnis, dass das in dieser Welt mit Leiden verbunden ist. Schon Cicero hätte es angesichts Cäsars wissen müssen. Der nächste große Stoiker (Erasmus von Rotterdam wird ihn mehr als tausend Jahre später den *Überstoiker* nennen) war Seneca. Der war immer noch für Austilgung aller Leidenschaften, sah aber auch mit Bestürzung auf eine

Welt rings um sich, die sich der Hölle sehr annäherte. Diese Hölle hieß für ihn Nero, sein einstiger Schüler (als der noch klein und ungefährlich war). Senecas Rezept lautete wie das seiner erklärten epikureischen Gegner: Flucht. Unempfindlichkeit gegen Leiden (wovor die Epikureer größte Angst hatten), aber Flucht. Vor allem vor den Menschen, die Seneca mit Wölfen verglich (*Der Mensch ist dem Menschen ein Wolf*). Schwätzer hätte Seneca vielleicht billigend in Kauf genommen. Er sah sich von anderem Kaliber umstellt. In seinen zahlreichen ethischen Schriften, unter anderem einem ganzen Riesenband von fingierten Briefen, kommt das Thema nicht vor. Einfach zu harmlos.

Aber dabei ist es nicht geblieben. Nur etwa eine Generation später führt ein ehemaliger griechischer Sklave (eines Herrn, der in Rom noch zu den Dienern Neros gehörte) die stoische Philosophie fort, die ein Schüler im *Handbüchlein der Ethik* zusammenfasste. Diese »Sklavenmoral« (die Nietzsche süffisant gegen die seiner Ansicht nach wirkliche Sklavenmoral der Christen ausspielte) ist tatsächlich etwas für Hartgesottene. Epiktet hält Unglück nur für eine Sache der Definition, jedenfalls für bloße Meinung, um die man sich am besten nicht kümmere. Nach dem Motto, den wirklichen Weisen könne nichts rühren. Genau das führt er auch im Kapitel zum Gespräch aus (dem dreiunddreißigsten, falls jemand nachlesen will). Seine Empfehlung lautet: schweigen. Falls man doch einmal sprechen muss, dann nur das Nötigste. Dabei sind strikte Tabus zu beachten. Zum Beispiel nichts über Mitmenschen. Lachen ist mehr oder weniger verboten. Gastmählern solle man ausweichen, um sich nicht unterhalten zu müssen. Bei Unsauberen sei es schwer, nicht selbst unsauber zu werden. Wer dies für radikal hält, sollte die Stelle lesen, wo Epiktet eine Empfehlung für den Fall gibt, dass man über sich hat schlecht reden hören. Man soll sagen, der andere hätte wohl nichts von den anderen Fehlern gewusst. Cool! Natürlich darf man von sich selbst am allerwenigsten reden. Das erfreue niemanden. Über Schwätzer hat Epiktet geschwiegen. Aber sehr laut.

Wie laut, sieht man an der Person, die Epiktets stoische Philosophie in begeisterter Anknüpfung fortgesetzt hat: an Kaiser Marc Aurel. Schon die Konstellation ist unglaublich. Ein Kaiser folgt einem Sklaven. Und vor allem: Er meint, was er sagt. Die Biographie Marc Aurels liest sich wie ein Märchenbuch: Als Jugendlicher schockiert er seine Mutter, indem er sich in den Philosophenmantel hüllt und fortan am Glück des Staates arbeitet (als *Philosoph auf dem Thron*, den Zeitgenossen allerdings auch als *das alte Philosophenweib auf dem Thron* beschimpften, was alles noch glaubhafter macht). Die Schrift, die er zwischen 170 und 178 n. Chr. verfasst hat, sollte eine Gewissenserforschung nur für ihn selbst sein und ist rein zufällig bewahrt bzw. als *Selbstbetrachtungen* veröffentlicht worden. Sie handeln von der großen Harmonie in der Welt (zu der Störungen hinzugehören), vom gemeinschaftlichen Zusammenwirken, wozu wir geschaffen sind (*wie die obere und untere Kinnlade*), vom tätigen Wohltun und geduldigen Ertragen. Zwar hat Marc Aurel klare Vorstellungen davon, wie es am schönsten wäre, aber er konzentriert sich darauf, was man macht, wenn jemand diese Vorstellungen stört. Die Antwort ist Dulden. Und warum? Weil es dazugehört. Es beträgt sich jemand schlecht – *das ist eben seine Art*. Es stinkt jemand nach Schweiß – *was kann er für seine Achselhöhlen?*

Und bei der Rede? Man soll dem andern zuhören und sich so viel wie möglich in ihn hineinversetzen. Und selbst? Man soll nur sagen, was einem als gerecht erscheint, und zwar immer auf eine bescheidene, ruhige und ungeheuchelte Weise. Schließlich die Schwätzer? Auch Marc Aurel erwähnt sie nicht wirklich, aber man kann annehmen, dass er sie unter den *Unverschämten* subsumiert. Wie geht man mit denen um? Eben, ich zitiere wieder einmal wörtlich: *Ist es auch möglich, dass es in der Welt keine unverschämten Leute gibt? Das ist nicht möglich. Verlange also nicht das Unmögliche.* Im übernächsten Satz ist von der Gegenwehr gegen *diese Untugenden* die Rede, worunter nun bestimmt auch das Schwätzen zählt. Man kann es sich schon denken. Die Gegenwehr lautet: Sanftmut.

Eigenartig, wie unterschiedlich und doch auch wieder einheitlich die antiken Schulen mit dem Problem des Schwätzens umgingen. Es existieren Schulmeinungen. Der Aristoteliker Theophrast gibt eine nüchterne Bestandsaufnahme: Problem erkannt, Hilfe sinnlos, Reaktion: Flucht. Ob die erste Antwort die beste war? Der Platoniker Plutarch formuliert die differenzierteste Beschreibung und sieht in ihr den Ansatz zur Besserung: Wer das gelesen habe, könne kein Schwätzer mehr sein. Auch schön, aber zu optimistisch, zu viel Wolkenkuckucksheim. Der Epikureer Horaz macht seine Witze, hat fast eine klammheimliche Freude an den Schwätzern, die das epikureische Credo bestätigen, dass man sich aus dieser Welt am besten zurückzieht und das Leben im Kreise seiner Freunde genießt. Alle beziehen sich *expressis verbis* auf den Schwätzer, halten das Thema für behandelnswert.

In diesem Punkt scheren nur die Stoiker aus. Man merkt, was sie denken, aber sie sagen nichts. Irgendwie ist ihnen der Schwätzer zu trivial. Man schwätzt eben nicht. Und wenn es einer tut, dann ist das peinlich, weil die Weltordnung es eigentlich nicht vorsieht. Man gibt Störenfriede zu, spricht aber nicht darüber. Auch eine interessante Lösung. Die Ablehnung ist dabei völlig klar. Ob man mit den verfeindeten Epikureern nicht ins selbe Horn tuten wollte? Nicht zugeben, dass man manchmal dasselbe dachte wie sie? Immerhin hat es in der gesamten Antike keinen Streit gegeben, jedenfalls keinen über die Bewertung des Schwätzers. Der Schwätzer ist schlicht eine Horrorfigur. Und im Grunde wurde alles gesagt, alle Stichworte sind gefallen. Ob Barbier oder prahlerischer Soldat, ob Anbiederungfloskeln oder Abwimmelungsversuche. Man wusste Bescheid.

Die andere, die christliche Antike

So weit die Antike, die heidnische Antike. Aber es gibt auch noch eine zweite, die christliche, die etwas später einsetzte, dafür länger dauerte. Was sagten die Christen?

Wir müssen einen kleinen Bogen schlagen. Das Christentum ist bekanntlich eine Buchreligion. Es stützt sich auf *ein* Buch, die Bibel, die aber zwei Abteilungen besitzt, das Alte Testament (der Juden) und das (eigene) Neue Testament. Das Alte Testament stammt aus der Zeit vor dem Christentum, aus sehr alten Zeiten, älter jedenfalls als alles, was wir bislang herangezogen haben. Ein Text des Alten Testaments ist nicht ganz so alt, wurde um 180 v. Chr. verfasst und von den jüdischen Schriftgelehrten auch nicht mehr in den Kanon aufgenommen: das Buch, das nach seinem Verfasser *Jesus Sirach* heißt (später *Liber ecclesiasticus*, also Kirchenbuch). Die frühen Christen nahmen es auf, die Katholiken rechnen es noch heute zum Alten Testament (während Luther es wieder von der Liste strich). Dieses Buch enthält Lebensregeln für die damaligen Juden, ist ausgesprochen praxisorientiert. Heute hört man gelegentlich die wirklich mehr als frauenfeindlichen Zitate, die die Frauenfeindlichkeit der Bibel belegen sollen: *Lieber mit einem*

Löwen oder Drachen zusammenhausen, als bei einer bösen Frau wohnen. Dabei werden allerdings andere Sätze geflissentlich übersehen: *Eine gute Frau – wohl ihrem Mann! Die Zahl seiner Jahre verdoppelt sich.* Tatsächlich behandelt der Autor alle Fragen des Zusammenlebens, sogar die Tischsitten.

Und mitten darunter den Schwätzer. Der Weise, und jetzt ist der fromme Jude gemeint, denkt erst nach, bevor er redet. In der heutigen Bibelausgabe der Einheitsübersetzung ist ein Sirach-Kapitel mit dem Titel *Das rechtzeitige Reden und Schweigen* versehen. Kluges Reden kann beliebt machen, heißt es dort, aber auch: *Die Liebenswürdigkeit der Toren ist umsonst.* Bloßes Schönreden hat also keinen Zweck. Und die Warnungen sind scharf: *Besser ein Fehltritt auf dem Boden als ein Fehltritt durch die Zunge.* Und dann kommt es ganz direkt: *Dräng die Worte zusammen, fasse dich kurz, sei wie einer, der etwas weiß, aber auch schweigen kann.* Fasse dich kurz! Kennt man noch die alten Telefonzellen, die ein Schild mit dieser Einschärfung besaßen? Wer hat damals wohl gewusst, dass es ein Bibelzitat ist?

Im Mittelalter aber war es auch ganz ohne Telefonzellen bekannt. Schweigen wurde das große Leitbild. Die Mönche schwiegen sowieso, aber auch den Laien wurde es empfohlen. Für Schwätzer brachen schwierige Zeiten an. Und das auch da, wo die antike Kultur fortgesetzt wurde. Ambrosius von Mailand aus dem 4. Jahrhundert ist das beste Beispiel. Noch im römischen Weltreich aufgewachsen (geboren in der Kaiserstadt Trier), machte er eher versehentlich Karriere in der neuen Verwaltungselite der kirchlichen Würdenträger. Fast zwangsweise zum Bischof von Mailand (einer anderen Kaiserstadt) gewählt, schrieb er am Ende seines Lebens eine etwas spezielle Ethik: *Von den Pflichten der kirchlichen Amtsträger.* Seine Stütze ist Cicero, sein Ziel, für

Bildung und Manieren zu sorgen. Alle Züge des römischen Gentlemans werden übernommen.

Aber Ambrosius weiß auch, dass sich die Zeiten geändert haben. So beginnt er mit dem Hohelied des Schweigens. Die Zunge sei das Sprachrohr der Sünde, heißt es. Gott habe im Alten Testament nicht zum Sprechen, sondern zum Hören aufgefordert. Klar, dass man auch sprechen muss. Ambrosius wird dabei poetisch. Die Worte sollen *mit dem Wall der Gedanken* umfriedet werden, mit *den Dornen ängstlicher Sorgfalt* gehegt. Und dann: *Binde deine Rede, dass sie nicht zu üppig treibe, nicht zu geil wuchere und durch Schwatzhaftigkeit zur Sündenlese führe!* Später ist vom Maß die Rede, vom Maß auch beim alttestamentlich geforderten Schweigen. Man merkt diesem Römer die peinliche Lage an. Er ist selbst gelernter Redner, empfiehlt eine auf Sympathiegewinnung ausgerichtete Gesprächsführung. Aber all das kombiniert mit christlicher Demut. Im 20. Jahrhundert hat man angesichts dieser Amalgamierung von Schizophrenie gesprochen (Karl Löwith, der große Philosoph und Kulturhistoriker). Dann wäre jedoch das gesamte Mittelalter schizophren gewesen.

Denn so kommt es sogar im vergleichsweise unfrommsten aller mittelalterlichen Jahrhunderte an: in der höfischen Zeit, die viel Weltlichkeit riskierte und einen Ritter erfand, der Glanz ausstrahlen sollte. Schaut man in die Lehrwerke, die am Idealbild arbeiteten, braucht man nach dem Schweigen nicht lange zu suchen. In der deutsch geschriebenen Ethik eines italienischen Klerikers mit dem Namen Thomasin (1215/16, das sagt er selbst) gibt es als eine Art Vorspann eine Manierenlehre für die *kint*. Damit waren die nicht mehr ganz jungen Leute gemeint (es wird vor Besäufnissen gewarnt), die sich auf die höfische Welt vorbereiteten. Es gibt interessante Hinweise. Die Damen sollten zum

Beispiel nicht die Beine übereinanderschlagen, weil dies den Richtern und Dichtern (man kennt vielleicht das entsprechende Bild von Walther von der Vogelweide in der Manessehandschrift) vorbehalten ist. Und so weiter.

Und unter all dem der dringende Rat, auf Herumalbern zu verzichten. Was das ist? Lachen gehört dazu, auch einfach nur seine Geheimnisse preiszugeben. Denn darauf warteten nur die *klaffaere*, die Kläffer also, mit denen nichts anderes als die Schwätzer gemeint sind, die Geheimnisverräter. Reden schade nur, in allen Varianten, auch als heimliches Flüstern. Dagegen gebe es etwas viel Besseres: schweigen. Es folgt ein ganzes Kapitel mit allen Vor- und keinen Nachteilen. Hören schadet eben nicht, Schweigen passt zur Scham, sorgt für Ehre und Anstand und so weiter. All dies mündet in die Aussage, bei Hofe könne man sich nur halten, wenn man mehr schweige als rede. Des anderen Glück mit seinem dummen Gerede zu stören, beruhe auf *bloedikeit*, was nicht gerade Blödheit bedeutet, aber so viel wie Unerfahrenheit. Nein, der ritterliche Herr und die ritterliche Dame sollen den Mund halten.

Der erste *swetser*

So weit man sieht, gibt es keine Alternative, nur Varianten. Ein Autor mit Namen Freidank, der wenige Jahre später ein ähnliches Werk in Spruchform verfasste, fügt ein Kapitel zur Zunge ein. Man kann sich denken, was das bedeutet. Schön diese Sprüche, dass alles Übel nur von diesem Körperteil stammt, dass die Zunge keine Beine hat und doch Bein und Stein bricht, dass der Schöpfer sie besser etwas kürzer gemacht hätte und so weiter. Knapp ein Jahrhundert später wieder dasselbe bei einem frustrierten Lehrer namens

Hugo von Trimberg, der in seinem Riesenwerk über die sieben Todsünden auch die Zungensünde nicht vergisst. Nach viel Bekanntem gibt es das neue Bild von den Schwätzern, die mit ihren Worten hin- und herfahren wie Kegler, die aufsetzen, ausrichten und umwerfen. Na ja.

Das interessanteste Werk aber stammt noch aus spätantik-heidnischen Zeiten und stellt eigentlich nur eine Sprichwortsammlung in Distichen (Zweizeilern) dar. Weil der Verfasser unbekannt war, gab man ihm einen bedeutenden Namen: Cato, der berühmte Moralapostel und Aufpeitscher der Römer gegen Karthago. In Wirklichkeit stammen diese *Disticha Catonis* nicht aus dem 2. vor-, sondern aus dem 3. oder 4. nachchristlichen Jahrhundert. Ihre eigentliche Karriere aber begann in karolingischer Zeit, als man die moralischen Sprüche ergänzte und zur Schullektüre machte (um Latein zu lernen). Aus dem 13. Jahrhundert stammen die ersten erhaltenen (mittelhoch)deutschen Übersetzungen.

Und was fand in diesem Fall der angehende Kleriker? Wieder einmal etwas über Reden und Schweigen, mit besonderer Berücksichtigung des Schweigens. Schweigen, so heißt es gleich im dritten Distichon, sei die erste Tugend. Reden soll man, wenn man darf, und straff abgekanzelt wird der Schwätzer. Im lateinischen Original ist von *rumores* die Rede, die erste deutsche Übersetzung spricht von *sageren*, die *vil reden*. Eine Stuttgarter Handschrift hat *klaffen*, also kläffen, eine wiederum andere tut uns den Gefallen und bietet *swetser*, einen der ganz frühen Belege für diesen Begriff überhaupt. Später wird vorgetragen, man solle bei seinem Schweigen auf die Rede der anderen achten, denn mit Worten zeige man, wer man ist (und verberge es umgekehrt). Entsprechend gilt angesichts des Schweigens anderer höchste Alarmstufe. Und all dies – ich wiederhole es – wurde wieder und wieder abgeschrieben und zuletzt sogar gedruckt. Bis zum 15. Jahrhundert sind 134 Ausgaben nachgewiesen. Noch der Barockpoet Martin Opitz hat für einen gräflichen Zögling eine Übersetzung angefertigt.

Schlechte Zeiten für die Schwätzer also im Mittelalter, übrigens auch nach dem größten Philosophen dieser Zeit überhaupt: Thomas von Aquin. In seiner *Summe der Theologie,* geschrieben zwischen 1265 und 1274, gibt es lange Abschnitte zu den Tugenden und Lastern, auch zu einem, das er Mürrischkeit, Übellaunigkeit (*acedia*) nennt. Die erzeuge eine Art Schläfrigkeit gegenüber den Geboten, führe zum Schweifen des Geistes im Unerlaubten, um einmal die komplizierte Ausdrucksweise dieses Großen zu verwenden. Und was gehört dazu? Rücksichtslosigkeit, Neugierde, Unruhe, Unbeständigkeit. Aber zwischen Neugierde und Unruhe habe ich etwas übersprungen: die Geschwätzigkeit.

Mag sein, dass der Leser den Kopf schüttelt: irgendwie abstrakt. Ihm sei deshalb noch etwas Deftigeres vorgelegt, ein Prachthappen mittelalterlicher Philosophie-Theologie, vorgetragen von einem Straßburger Chorherrn namens Jacob Twinger von Königshofen, gestorben 1420. Der hat in einer Sammlung von Beispielen, mit denen man Predigten würzen konnte, die Erklärung geboten, warum Frauen mehr schwätzen als Männer. Adam, so liest man verblüfft, sei aus Erde gemacht, Eva aus einer Rippe. Und dann ganz trocken: Erde ist geräuschlos, Knochen klappern (wer es genau wissen will: sind aus *materia sonora* gemacht). Aber der Chorherr war mit seinem Herrenwitz allein auf weiter Flur. Überall sonst sind die Geschlechter gleich behandelt. Die Sünder mit der Zunge müssen angesichts der Warnungen gelitten haben wie heute die letzten Raucher. Und die Warnungen hörten keineswegs auf, im Gegenteil. Sie wurden raffinierter, so wie die Zeiten raffinierter wurden. Gemeint ist damit die Renaissance, als zunächst in Italien die große Anknüpfung an die Antike erfolgte, an die Humanitätsphilosophie nach der (wie es jetzt schien) scholastischen Durststrecke des Mittelalters.

Neue Ideen in der Renaissance

Natürlich konnten die neuen Humanisten als Cicero-Fans nicht das Schweigen propagieren, die Drückebergerei. Ganz im Gegenteil folgten gesprächige Zeiten. In den adeligen Salons wird die Geselligkeit großgeschrieben, als Grundlage des neuen Lebensideals empfunden. Und bald drängt diese Geselligkeit auch über die adeligen Snobs hinaus in das reich gewordene Bürgertum. Gastmähler werden veranstaltet, man trifft sich zur Unterhaltung in Gesprächszirkeln. Wer da schweigt, hat verloren. Die Frage ist nur, ob es dem Schwätzer nun besser geht, ob seine große Stunde geschlagen hat. Die Antwort lautet: im Gegenteil. Mit dem Lob des Sprechens kommt erst recht der Tadel des Schwätzens. Man unterscheidet eben. Und hat es schwerer als zuvor, als man schlicht das Problem umgehen konnte. Nun muss man sprechen, aber richtig. Und eines steht dabei von vornherein fest: Auf keinen Fall allein, auf keinen Fall zu viel. Das beginnende Zeitalter der Rede- nach der Schweigekultur gibt sich in diesem Punkt mehr als klare Regeln.

Man sieht es an einem Text, mit dem eine ganze Tradition beginnt: dem 1528 erstmals erschienenen *Buch vom Hofmann* von Baldassare Castiglione. Das 500-Seiten-Werk ist keine Ethik, will keine moralischen Lehren erteilen, sondern beschäftigt sich mit den *mores,* den Sitten, will sagen: den bloßen Manieren (wofür auch der Begriff der Moralistik steht, der also gerade nichts mit Moral zu tun hat). Welche

Eigenschaften hat ein vollkommener Hofmann? Die Antwort wird charakteristischerweise in einem Gespräch gesucht und gefunden, ist mit These und Gegenthese verbunden, plädiert in Gesellschaft für Geselligkeit (den Raum des Gesprächs am Hof von Urbino kann man heute noch im dortigen Palazzo ducale besichtigen). Die Kernthese lautet: Egal, was der Hofmann tut, er muss es mit Anmut tun. Er soll sein Können zeigen, aber so, dass es niemanden nervt.

Damit ist das Urteil über das Sprechen gefällt: Sprechen ja, aber anmutig, (scheinbar) ungezwungen, mit Charme. Einen Höherstehenden (den Fürsten) behelligt man nicht unnötig, unter Gleichen achtet man auf Ausgewogenheit. Schön, dass Castiglione sich dabei noch an den prahlerischen Soldaten erinnert und diesen gewissermaßen neu einkleidet. Gerade war die Rede vom Waffenhandwerk und seiner Beherrschung. Da heißt es, der Hofmann solle jedoch nicht den Wilden markieren, *prahlerisch herumlaufen* und erzählen, er habe *die Waffen zu seinem Weibe gewählt*. Als ein solcher Berserker einer Dame gegenüber sogar Musikhören ablehnt, weil es sich nicht mit Kämpfen vertrage, habe die Dame ihm geraten, er solle sich ordentlich einfetten und zusammen mit seinen Waffen in einem Schrank auf den nächsten Einsatz warten. Hübsch. Es folgen Beispiele auf Beispiele für Maßlosigkeit im Reden, umgekehrt Mahnungen zur Klugheit, zum Abwägen jedes Wortes. Sich in andere hineinzuversetzen, ist die Grundvoraussetzung. Sich aufeinander abzustimmen wie bei Musikinstrumenten, ist das schönste Bild für die Aufgabe.

Was Castiglione für den Hof geleistet hat, hat Giovanni della Casa mit seinem 1558 postum erschienenen *Galateus* für die Stadt formuliert. Ein Bischof, der in Venedig ein Bollwerk gegen die auch in Italien drohende Reformation errichten sollte (und dabei den Index der verbotenen Bücher erfand), macht sich Gedanken, wie man in einer Stadt zusammenleben kann. Die Antwort lautet: zuerst einmal mit Manieren (die Moral kommt später). Sich nicht gegenseitig auf den Geist gehen, ist die erste Aufgabe. Hauptfeind ist der Körper mit seinen Ausdünstungen und Schlimmerem. Schmatzen genügt schon, um sich den Appetit zu verderben. Alles Unflätige führe zu Abscheu, Abscheu aber zu Hass. Und der untergräbt das Zusammenleben. Mit dieser Überzeugung prüft della Casa auch das Gespräch. Was stört dabei? Zum Beispiel läppisch zu sein oder allzu tiefsinnig. Fröhliche Menschen kann man mit traurigen Geschichten verärgern. Mütter, die nichts anderes mehr erzählen als Geschichten von ihrem Hänslein, drücken die Stimmung. Ruhmredigkeit verprellt. Unbescheidenheit beim Diskutieren ist unerträglich, Zanksucht sowieso. Dumme Sprüche (die Antwort auf die Frage: *Wie geht's?* lautet: *Auf den Füßen.*) sind nicht zum Aushalten.

Aber dann folgt erst der Höhepunkt. Ein zeitgenössischer Übersetzer fügt dem Kapitel die Überschrift ein: *Unauffhörliches geschwetz.* Es gibt diejenigen, die sprechen, wie wenn ein Schiff vom Wind fortgetrieben wird. *Wäscher* sind es, die beim Plaudern kein Ende finden, sondern jeden Punkt nach dem Abhaken wieder von vorn behandeln. Sie *schwatzen, was ihnen ins Maul kommet.* Natürlich kennt della Casa noch weitere rednerische Gebrechen. Einem andern ins Wort fallen zum Beispiel. Aber der Hauptpunkt ist doch das Schwätzen. Noch ein ganzes Kapitel zum Zuvielreden (allerdings auch eines zum Zuvielschweigen) folgt. Wer am schlechtesten zu reden wisse, rede am meisten, heißt es. Wer viel rede, irre viel. Die Gesellschaft ist ebenso bedroht vom Schwätzen wie vom Schmatzen. Es liegt eben alles am undisziplinierten Körper. Nur in Schönheit (mit *belle maniere,* mit schönen Manieren) lässt sich leben.

Sind dies alle Facetten der Schwätzerthematik in der Renaissance? Keineswegs. Auf den ersten Blick scheint es sogar eine gewisse Entwarnung zu geben. Es gibt ein großes Plädoyer für die angstfreie Rede, sogar dafür, einander ins Wort zu fallen. Der Anwalt dieser Freiheiten war Michel de Montaigne, der im Turmzimmer seines Schlosses an der Dordogne (ebenfalls zu besichtigen) seine *Essais* schrieb, veröffentlicht seit 1580. Weit entfernt von Castiglionescher Hofmannskunst (Montaigne verachtete die Förmlichkeiten in Paris), aber auch weit entfernt von Interessen am Aufbau einer städtisch-bürgerlichen Gesellschaft, kreist dieser mit allen Wassern antiker Texte gewaschene Humanist ausschließlich um seine eigenen Vorlieben (und körperlichen Gebrechen). Provozierend lobt er an den Menschenfressern, dass sie immerhin keine Religionskriege führten. Provozierend erzählt er, dass er statt einer klugen Frau lieber eine schöne nähme.

Und provozierend setzt er sich eben auch für ein Gespräch ein, bei dem die Fetzen fliegen. Ist das ein Plädoyer für Geschwätz? Natürlich nicht. Streit liebe er, abgekanzelt aber wird eine *Maulfertigkeit,* mit der sich gewisse Leute besonders bei Hofe beliebt zu machen glauben. Wenn Montaigne die *peinlichen Nötigungen* der Höflichkeit aufgeben will (*O, diese knechtischen und lästigen Herkömmlichkeiten!*), dann deshalb, weil er an Aussprache und Verständigung interessiert ist, nicht an Dozieren. Geschwätz erscheint bei Montaigne aufgrund seiner Lebenswelt in der Form des Pedantentums, Schwätzer waren für ihn professionelle Denker, Philosophen, Professoren (daneben gibt es auch das Geschwätz von Kammerfrauen). Lehrhaft, herrisch und aufdringlich sind dafür die Vokabeln, aber die Zusammenfassung folgt in einem typisch Montaigneschen Bild: Die Disputation der Gelehrten erinnere ihn an das *Geschnatter von Heringsweibern*, heißt es. Geschnatter also, eine der alten Vokabeln für Geschwätz, angewandt auf Professoren, die aus ihrem Beruf eine Profession machen. Auch das ist Renaissance.

Und damit steht Montaigne nicht allein. Keine zwanzig Jahre nach seinen *Essais* will Francis Bacon in England zeigen, dass er auch solche schreiben kann: als *Essays*, die seit 1597 erschienen und bis 1625 erweitert wurden. Die Thematik ist eine andere. Bacon machte während der Abfassung eine kometenhafte Karriere als Politiker, brachte es bis zum Lordkanzler, ehe sein Sturz folgte, der ihn ins Privatleben zwang (wo er seinen naturwissenschaftlichen Neigungen nachgehen konnte). Ein Profi sprach also über all die Winkelzüge, die er bereits von Machiavelli kennengelernt hatte. So verteidigt er ohne Umschweife Unwahrhaftigkeit, ja Betrug, weil die Realität nichts anderes übrig lasse.

Sobald Bacon aber auf das Gespräch zu sprechen kommt, bricht der Humanist hervor. Ein Tanz sei es, und schon weiß man Bescheid. Tanzen kann man nicht allein (jedenfalls damals), Tanzen zwingt zur Abstimmung mit dem anderen. Kann da ein Schwätzer bestehen? Natürlich nicht. Schon ein Thema ohne Abwechslung auszudehnen (es *zu Tode zu hetzen*), ist ein Graus. Und dann die eindeutige Wendung: *Auch muss er* [der Sprecher] *andere selbstverständlich gleichfalls zu Worte kommen lassen*. Ferner: *Gespräche sollten als Freiland betrachtet werden, das niemandes ausschließliches Eigentum ist*. Es folgen Beispiele von entsprechenden Sündern mit anschließender Nutzanwendung: Zurückhaltung geht auf jeden Fall vor Beredsamkeit. Wer es immer noch nicht verstanden haben sollte: *Seine Meinung langatmig, ohne je einer Zwischenrede Raum zu geben, vorzutragen, zeugt von geistiger Schwerfälligkeit* [...]. Der dazu passende Vergleich bezieht sich auf jene Tiere, die schwächer im Lauf, aber flinker im Umdrehen sind. Man sei also ein Hase (der Haken schlägt), kein Windspiel (das bloß geradeaus rennt) – also neue Tiere zum alten Vergleich.

Und in Deutschland? Regt sich dort auch etwas? Sieben Jahre vor della Casas *Galateus* mit dem Untertitel *Von ehrbaren, höflichen und holdseligen Sitten* erschien in Worms ein Büchlein mit dem Titel *Grobianus. Von groben Sitten und unhöflichen Gebärden.* Kaspar Scheidt hatte die lateinische Vorlage von Friedrich Dedekind ins Deutsche übersetzt. Der Bezug ist also zufällig, weil die Autoren nichts voneinander wissen konnten. Aber andererseits ist der Bezug auch bezeichnend. Im 16. Jahrhundert gibt es die Mode, Anweisungen in ironischer Manier zu erteilen. Über unhöfliche Sitten zu schreiben, ist so gesehen nur eine Methode, von höflichen zu handeln. Und so bieten zwei Studenten – der Dichter und der Übersetzer – einen perfekten Ulk, geben Anweisungen zu möglichst säuischem Betragen (in der Zeit gibt es auch schon einen *Sauorden* zum gleichen Zweck), an dem humanistisch gebildete Leser ihren Spaß hatten. Den Rotz aus der Nase bis zum Mund wachsen zu lassen wie einen Eiszapfen, wird mit der aristotelischen Lehre von der rechten Mitte erläutert (er soll also nicht bis zum Boden reichen, was unaristotelisch wäre – Lacher bei den Kennern).

Kommt auch der Schwätzer vor? Natürlich. Er ist in humanistischen Kreisen der Disputierer, der mit Geschrei die Rede jedes anderen zerstört, dass der sein eigenes Wort nicht mehr versteht. Spricht ein anderer, so solle man ihm in die Parade fahren und ihn niederschreien, denn die Zunge gehöre schließlich ihm, dem Schwätzer, und dürfe keinem andern gehorsam sein. Sich selbst zu zügeln oder gar zu unterbrechen, würde Unterwerfung unter den anderen bedeuten, also pure Versklavung. Genügt das? Wir wollen jedenfalls das Kapitel schließen. In der Renaissance ist der Schwätzer wohlbekannt und ein Lieblingsfeind aller Gebildeten. Gebildet und schwätzen geht nicht zusammen, außer ironisch. Was bringen die neuen Zeiten des Barock? Einiges Neues.

Aphoristisches im Barock

Sogar eine neue Gattung, in der sich die Moralistik während der nächsten Jahrhunderte vornehmlich ausdrückt: den Aphorismus. Philosophieren in der kurzen Form, mit Schliff. Und man fragt sich oft, ob die Inhalte nicht hinter der Brillanz ihrer Darstellung herhinken. Fast sicher scheint dies der Fall bei einem spanischen Jesuiten zu sein, der von seinem Orden sogar für diese Art von Tätigkeit gerügt, ja zuletzt hinausgeworfen wurde: Baltasar Gracián. Sein bekanntestes Werk ist das *Handorakel und Kunst der Weltklugheit* von 1647, ein winziges Buch für die Tasche (vor Erfindung des Taschenbuchs) mit dreihundert Ratschlägen zum Umgang mit Füchsen und Wölfen in einer undurchsichtigen Welt ohne Wahrheit (deswegen der Zoff im Orden).

Sprechen gehört zu Graciáns Lieblingsthema, weil sprechen für ihn dasselbe bedeutet wie sich verstellen. Wie macht man das selbst so, dass einen niemand durchschaut, und wie durchschaut man die schlauen anderen? Man stichelt zum Beispiel, um die Herzen kennenzulernen, man sucht nach Daumenschrauben, um den anderen zur Preisgabe seiner Geheimnisse zu zwingen. Und selbst? Man fügt sich, gewöhnt sich an die Charakterfehler der anderen, verzichtet auf jede Form von Aggression, bezahlt mit freundlichen Worten, die einen selbst nichts kosten (*So treibt man in der Luft Handel mit der Luft*). Und schwätzen? Das Urteil ist im einhundertfünften Aphorismus erteilt, Überschrift über die sechzehn Zeilen: *Nicht lästig sein*. Diagnose: *Der Mann von* einem *Geschäft und* einer *Rede pflegt sehr beschwerlich zu fallen. Die Kürze ist einnehmend und dem Geschäftsgang gemäßer*. Der Rest sind Pirouetten, gedreht auf dem Thema der Zurückhaltung: *Das Gute, wenn kurz, ist doppelt gut; und selbst das Schlimme, wenn wenig, ist nicht so schlimm.* Ich sagte es ja: Aphorismen, blankgeputzte Weisheiten, die zuerst einmal schön klingen müssen, ehe sie Sinn machen. Aber von diesem Sinn gibt es doch einiges. *Weitläufige Leute* – auch ein schönes Wort für die Schwätzer – *sind selten von vielem Verstande*. Und das hübscheste Bild für den Schwätzer überhaupt: Er ist mehr Hindernis als Zierde in der Welt – wie *unnütze Möbel, die jeder aus dem Weg räumt*.

Die Blütezeit der *Sentenzenschleiferei* (ein Wort von Nietzsche, der es auch konnte) kam am Ende des 17. Jahrhunderts in Frankreich. Diesmal ist es die höfische Welt Ludwigs XIV., die jene menschliche Düsternis erzeugt, die sarkastische Sprüche hervorbringt. La Rochefoucauld konnte ein Lied davon singen, nachdem er als Herzog in der Fronde gegen den Zentralismus gekämpft hatte (sogar in galanten Diensten für Frauen buchstäblich wie ein Musketier in der genau gleichen Zeit, nur vergeblich), um dann statt mit dem geschliffenen Schwert nur noch mit dem geschliffenen Wort um sich zu schlagen. 1665 erschien die erste Auflage seiner *Reflexionen oder Sentenzen und moralische Maximen*. Mit Schützenhilfe der gerade modernsten Form von Theologie, die den Menschen der Erbsünde wegen als reinen Egoisten betrachtete, beginnt La Rochefoucauld alles zu entlarven, was nach Tugend aussieht und doch nur verkapptes Laster ist ([…] *nicht immer aus Tapferkeit und Keuschheit sind die Männer tapfer und die Frauen keusch*). Hochherzige verschmähen alles, weil sie es besitzen wollen, Höfliche sind höflich, weil sie höflich behandelt werden wollen, Freigebige geben nur aus Eitelkeit und so weiter.

Und wo fällt einmal ein klarer Satz? Beim Thema Schwätzen: *Die wahre Beredsamkeit besteht darin, dass man sagt, was nötig ist, und nichts darüber hinaus.* Konnte man sich denken. Aber La Rochefoucauld fällt noch mehr und noch Schöneres ein. Warum findet man in der Konversation so selten angenehme Partner? Klar, weil sie schwätzen. Aber es gibt feinere Gründe. Sie denken nur an das, was sie sagen wollen, an ihre Antwort also. Die *Feinsten und Gefälligsten* schwätzen nicht immer, aber sind auf dem Sprung dazu, nehmen dazu eine *Miene der Aufmerksamkeit* ein, *während man es ihrem Auge und Ausdruck ansehen kann, dass ihre Gedanken nicht bei unserer Rede sind, sondern sich eifrig mit dem beschäftigen, was sie sagen wollen.* Es gibt also nicht nur das undiskutable Schwätzen als solches, sondern sogar ein Schwätzen vor dem Schwätzen, ein Schwätzen quasi auf dem Sprung.

Eine rabenschwarze Betrachtung. Und rabenschwarz war auch das Weltbild des vielleicht bekanntesten französischen Aphoristikers, Jean de La Bruyère. Dieser bürgerliche Aufsteiger konnte Griechisch und ging von einem uns gut bekannten Vorbild aus, das er im Titel seines 1688 publizierten Werkes nannte: *Die Charaktere von Theophrast, aus dem Griechischen übertragen, mit Charakteren oder Sitten unseres Jahrhunderts.* Der Trick lag darin, die Kritik zu personalisieren, an bekannte Personen zu binden, die dem Namen nach natürlich nicht genannt wurden, die die Pariser aber von Auflage zu Auflage zu erraten suchten – Klatsch auf hohem Niveau. Was aber ist das größte Laster in der Konversation? Eben, das Schwätzen. La Bruyère betrachtet es aus allen denkbaren Perspektiven. Erdulden gehört dazu (*Sprechen und zu nahe treten ist für gewisse Leute genau dasselbe*), Phrasen über sich ergehen lassen, besser Flucht (*Flieht, sobald man sie nur von fern erblickt*), auf jeden Fall

Nachgeben (*In der Gesellschaft ist es die Vernunft, die zuerst nachgeben muss*).

Am schönsten aber die Porträts, wie immer bei La Bruyère. Man hört eine Person schon vom Vorzimmer her, sie tritt ein, braucht keinerlei Befürchtung hinsichtlich Unterbrechung zu haben, denn diese Person redet ohnehin weiter, zwingt alle zum Schweigen. In einem anderen Aphorismus wird der Deckname Theodect gewählt, der für irgendeinen Höfling stand. Der kommt gerade aus dem Vorzimmer, lässt seine Stimme in dem Maße anschwellen, wie er sich nähert, tritt ein, schreit nun förmlich (*man hält sich die Ohren zu, es ist ein dröhnender Donner*). Und nicht nur das: *Er ißt, trinkt, macht Witze, unterbricht alles auf einmal.* Die Tafel ist ihm unterworfen, Widerstand unmöglich. Aber das ist eben nicht alles, was La Bruyère zu sagen hat. Er formuliert einen Rat, den man in der französischen Konversationslehre der Zeit hunderte Male wiederfindet. Es ist vielleicht der beste Rat überhaupt und man kann sich nur wundern über seine Folgenlosigkeit. Er sei in voller Länge zitiert: *Der Geist zeigt sich in der Unterhaltung weniger darin, dass man selber damit aufwartet, als vielmehr darin, dass man den der anderen weckt: wer mit sich und seinem Geiste zufrieden ist, wenn er dich verlässt, ist auch mit dir vollkommen zufrieden. Die Menschen lieben es nicht, dich zu bewundern, sie wollen selbst gefallen, sie suchen nicht unterrichtet oder auch nur erheitert zu werden, als für angenehm zu gelten und Beifall zu finden, das schwierigste und feinste Vergnügen besteht darin, dasjenige eines anderen zu bewirken.* Das war der sechzehnte Aphorismus im sechsten Kapitel. Vollständig.

Und Deutschland? Deutschland war im Barockzeitalter Importland, lebte vor allem von französischen Ideen, schmückte sich mit Pariser *politesse* und *honnêteté* wie mit der neuesten Mode. Ausgerechnet einer derjenigen, die diese einseitige Beziehung auch noch guthießen, ist ein Kreativer gewesen: der Juraprofessor Christian Thomasius. Berühmt (und noch von Kant gelobt) wurde er dafür, dass er mithilfe eines einfachen, aber klaren Kriteriums Recht und Moral unterschied: Recht kann man mit staatlicher Gewalt durchsetzen, Moral nicht. Vergessen wurde er mit seinem Gedanken, dass neben Recht und Moral der Anstand das Zusammenleben erheblich erleichtert. Mit etwas französischer Nachhilfe wird die Welt einfacher. Höflichkeit mit Rücksicht auf den anderen führt zu Frieden.

Klar, dass dies auf eine Anti-Schwätzer-Kampagne hinausläuft. Aber die ist nun nicht mehr besonders interessant. Viel interessanter ist, dass Thomasius dem praktischen Verhalten in der Welt eine Art Psychologie unternähte, die er mit seinen Studenten in quasi psychoanalytischen Sitzungen zusammenbastelte. Seine These: Es gibt drei Hauptlaster, aus denen alle Menschen in irgendwelchen Mischungen zusammengesetzt sind. Wer sie kennt, kann sich dagegen wehren, sich bessern. Aber wie sie erkennen? Dafür nennt Thomasius in einem Buch mit dem Titel *Ausübung der Sittenlehre,* erschienen 1692, zehn Zeichen. Beim Essen und in der Liebe ist der Wollüstige zum Beispiel versoffen, gefräßig und geil, der Ehrgeizige fastet in stoischer Unempfindlichkeit auf beiden Gebieten, der Geldgeizige schindet sich hündisch und hasst das ganze weibliche Geschlecht. Na ja. Aber wie ist es beim Sprechen? Der Geldgeizige lügt und trügt, der Ehrgeizige ist hartnäckig wie ein Stockfisch und der Wollüstige – zeigt *unbedachtsame Klätscherei.* Aha. Schwätzen ist nicht nur eine schlechte Angewohnheit, sondern lässt tief blicken. Bis in den Abgrund der Seele. Wollüstig ist er also, der Schwätzer. Und das wissen wir von einem Juraprofessor, der Hobbyanalytiker war.

Thomasius glaubte noch an das Schlechte im Menschen wie alle im Barockzeitalter. Die optimistische Wende kam mit der Aufklärung. Nein, keine erbsündliche Last mehr (die Theologen haben ausgejammert), der Mensch ist im Prinzip gut, kooperativ, gesellig, sein Verstand durchaus in der Lage, die Welt zu begreifen und Regeln für das Zusammenleben ganz ohne Vorgaben aus der Bibel selbst zu ersinnen. Wer dies als Erster ausposaunte, war John Locke, der Vater der Aufklärung in Europa. Sein Hauptwerk beschäftigte sich mit dem Verstand als dem wichtigsten Organ der Aufklärung. Aber 1693 erschien auch ein kleines Werk, das sich der Lebenspraxis widmete: seine *Gedanken über Erziehung*. Ganz im Gegensatz zu den französischen Vorstellungen vom Ehrenmann (dem *honnête homme*) propagiert Locke den Gentleman, eigentlich tatsächlich im wörtlichen Sinne den jungen Adligen, aber sofort übertragen auf das liberale Erziehungsmodell überhaupt. Offenheit, Natürlichkeit, Fairness sind seine Kennzeichen, keine Künsteleien oder Künstlichkeiten (man hört im Hintergrund französisches Komplimentieren), Wahrheitstreue und Nächstenliebe sowieso.

Wo Locke sich mit Fehlern beschäftigt, wird es für uns besonders interessant. Als ersten nennt er Ungeschliffenheit, man kann auch sagen: Natürlichkeit ja, aber bitte keinen Grobianismus. Es folgen Geringschätzung des anderen, Krittelei, Streitsucht, übersteigerte Förmlichkeit. Beim Thema Unterbrechen scheint es so, als habe Locke nur einen Blick für die Täter, nicht die Opfer. Aber dann kommt es endlich doch. Mit Rechthaberei beginnt der Abschnitt, mit schulmeisterlichem Auftreten, bis sie schließlich *expressis verbis* erscheint: die *Redseligkeit*. Wirklich überraschend aber der kleine Nachsatz: *Die Indianer, die wir Barbaren nennen, achten viel mehr auf Anstand und Höflichkeit in ihren Verhandlungen und Gesprächen; sie hören einander mit Anstand schweigend an, bis sie ganz fertig sind, und dann antworten sie einander ruhig und ohne Lärm und Leidenschaft.* Im *zivilisierten Teil der Welt* sei dies durchaus anders, heißt es, was Locke einer falschen Erziehung zuschreibt, die *diesen alten Rest der Barbarei noch nicht beseitigt hat.*

Das sitzt. Und in Deutschland? Auch dies wurde übernommen, auch Deutschland erhielt seine englische bzw. englisch-französische Aufklärung. Christian Wolff wurde hier der große Vertreter des Neuen. Aber es war einer seiner eifrigsten Schüler, der die etwas steife Philosophie (beim Reden behandelt Wolff nur ein einziges Problem, nämlich die Aufrichtigkeit, und das auch noch ziemlich langweilig) alltagstauglich machte: Johann Christoph Gottsched. Der biederte sich als junger Mann dem Leipziger Publikum mit dem neuesten Schrei einer Moralischen Wochenschrift an. Titel: *Die Vernünftigen Tadlerinnen,* die den englischen *Tatler* von Joseph Addison und Richard Steele fortführten. In Acht-Seiten-Blättern behandelte (der später von Goethe bewitzelte) Gottsched zwischen 1725 und 1726 tatsächlich in geradezu feministischer Perspektive die Frau, setzte sich für ihre Zulassung zum Studium ein und bot einen satirischen Artikel mit der Frage, ob Männer Menschen seien.

Und mitten darunter acht Seiten zum Thema Schwätzer. Man möchte sie am liebsten komplett zitieren, es wimmelt nur von witzigen Bemerkungen (außer der kenntnislose Bezug auf die Affen, denen die Zunge nichts nütze, weil sie keine Vernunft hätten). Ins Visier genommen wird zunächst eine Frau, die *Gassenfama,* die Schwätzerin als Trompete aller Geheimnisse. Wie alle Menschen von schwachem Verstand redet sie viel. Ja, ihre Zunge sei das perfekte Perpetuum mobile, nach dem die Gelehrten so lange erfolglos gesucht hätten. Alles weiß sie, alles plaudert sie aus, besonders Dinge, die niemanden interessieren. Wenn die Männer angesichts dieser Beschimpfung (des *plauderhaften Naturells* ihres Geschlechts) triumphierten, so werden sie am Ende eines Besseren belehrt. Wie die Frauen die *Gassenfama* haben, so die Männer den *Loquar*, der als *großer Plauderer* kein Stück besser ist. Er ist ein *Scheusal*, das *mit vielen Worten sehr wenig sagt*. Als ob er ein Register vor sich hätte, lässt er sich in Gesellschaften nicht unterbrechen. Auf ein Wort sagt er zehn, ja fünfzig und hundert. Und so weiter. Und dann meldet sich in Gottsched der Weltverbesserer. Der *Schwätzer* müsse doch begreifen, dass er sich um seinen Kopf rede. Dass sich jeder vor ihm fürchte. Dass man hinter seinem Rücken über ihn lache. Und schließlich der definitive Langweiler als Fazit: Dereinst werde man von jedem Wort Rechenschaft ablegen müssen.

Schade. Aber Aufklärung hat auch *diese* Seite: den ziemlich langen moralischen Zeigefinger. Wir werden ihn noch näher kennenlernen, erholen uns jedoch zunächst bei einem Aufklärer, der ein echter Aufreger war: bei Jean-Jacques Rousseau. Ich glaube nicht, dass man bei ihm etwas zum Schwätzer findet. Das Thema hat sich erschöpft, wird allmählich trivial. Man schwätzt eben nicht. Selbst wenn alle um einen herum schwätzen: Die Aufklärung klärt eben auch darüber auf, dass es mit den Menschen nicht weit her ist. Aber dafür muss man in tiefere Schichten ihres Seelenlebens vordringen. Als Rousseau bei seinem ersten spektakulären Auftritt (im *Premier Discours*) die These verteidigte, dass Wissenschaften und Künste die Sitten der Menschen nicht befördert, sondern behindert hätten, analysierte er als Hauptbeispiel die Höflichkeit. Alles nur Schein, das Ergebnis sei Sklaverei, ja Liebe zur Sklaverei – so lautet das Urteil. Aber Natürlichkeit kann man nicht verschreiben wie ein Medikament. Natürlichkeit ist angesichts der Zivilisationsgeschichte schlicht unwahrscheinlich, wirkliche Authentizität ein letztlich unlösbares Problem.

In seinem Roman *Julie oder Die neue Héloïse* hat Rousseau es 1761 an der Liebe demonstriert. Die armen Helden verheddern sich, glauben zu lieben und laufen ins offene Messer. Gespräche oder gar Briefe sind Gift. Man spinnt sich etwas zusammen. Da kommt es zu einem Glanzpunkt. Die Liebenden, die allerdings in einer anstrengenden Dreierbeziehung lieben, treffen bei einem Frühstück zusammen. Und das nehmen sie ein *auf englische Art* – schweigend. Ich zitiere lieber den brieflichen Bericht eines der Beteiligten: *Freilich lässt sich in oberflächlichen Beziehungen leicht über etwas plaudern. Aber die Freundschaft, Mylord die Freundschaft! Lebhafte und himmlische Empfindung, welche Gespräche sind deiner würdig? Welche Sprache wagt es, dein Dolmetscher zu sein? Kann jemals das, was man seinem Freunde sagt, soviel wert sein als das, was man an seiner Seite empfindet? Mein Gott! Was für Dinge sagen ein Händedruck, ein beseelter Blick, eine Umarmung, der Seufzer, der darauf folgt; und wie kalt ist dagegen das erste Wort, das man ausspricht!*

Das muss genügen. Es gibt einfach größere Probleme. Gut, das stimmt. Aber das Schwätzen gerät dabei aus dem Blick. Es wird auf hohem Niveau zunächst kaum noch, dann überhaupt nicht mehr erwähnt. Interessant ist das Beispiel David Hume, einer der anerkannt Großen in der Philosophie, vor dem sogar Kant Respekt hatte. In seiner *Untersuchung über die Prinzipien der Moral*, geschrieben 1751, postum erschienen 1777, vertritt er die These, dass moralisches Handeln nützlich sein muss (was Kant vehement bestritt).

So fügt er einen Abschnitt ein zu *Eigenschaften, die anderen unmittelbar angenehm sind.* Und mitten darin die Sätze, die wieder vollständig zitiert zu werden verdienen: *Ein lebendiger Dialog in der Unterhaltung ist selbst denen angenehm, die am Gespräch gar nicht teilnehmen wollen. Darum findet der langatmige Geschichtenerzähler und der hochtönende Wortemacher wenig Anklang. Die meisten Menschen freilich wünschen im Gespräch auch selbst zu Worte zu kommen und betrachten mit sehr scheelen Blicken eine Redseligkeit, die sie um ein Recht verkürzt, auf das sie natürlicherweise so eifersüchtig sind.*

Ob dies das letzte Mal ist, dass ein Großer in der Philosophie den Schwätzer behandelt? Kant tut es jedenfalls nicht, auch nicht in seiner *Anthropologie,* die ganz frei von hochgestochenen Gedanken über die Vernunft psychologische Bemerkungen macht und dabei zum Beispiel die Höflichkeit dafür lobt, dass sie vielleicht mehr als die Moral das Leben wirklich vereinfache. Das war 1798. Als der Literaturnobelpreisträger Elias Canetti fast zweihundert Jahre später in seinem Büchlein *Der Ohrenzeuge* noch einmal die *Charaktere* von Theophrast oder auch deren Fortsetzung bei La Bruyère aufnahm (Der Untertitel lautet jedenfalls: *Fünfzig Charaktere*), behandelte er neben der *Selbstschenkerin,* dem *Größenforscher* oder dem *Leidverweser* auch den *Fehlredner,* der sich Leute aussucht, um ihnen sein chaotisches Weltbild anzudienen. Den Schwätzer behandelt Canetti nicht. Dabei ist das Thema nicht ausgestorben, sondern eher ausgewandert. Und zwar in zwei Richtungen, von denen sogleich die Rede sein soll. Aber aus der Philosophie oder sonstiger Höhenkammliteratur ist es weg. Wer jetzt sagt: Na, wennschon, übersieht, dass hier zwei Jahrtausende lang die Musik spielte. Hier äußerten sich die wirklich Großen. Schade drum.

Zwei Richtungen also. Die erste lässt sich umschreiben mit dem Stichwort »Einzelwissenschaften«. Selbst die Astronomie gehörte zur Zeit Newtons noch irgendwie zur Philosophie. Damit ist jetzt Schluss. Psychologische Themen werden nicht mehr in der Philosophie behandelt, sondern in der Psychologie (oder der Soziologie, die waren auch noch nicht richtig getrennt).

Am Ende des 18. Jahrhunderts, auf den allerletzten Drücker, schreibt ein deutscher Autor mit dem Namen Christian Garve ein Buch *Über Gesellschaft und Einsamkeit* und wägt die Vor- und Nachteile dieser Lebensformen ab. Ergebnis: Manches geht besser gesellig, manches einsam. In Gesellschaft hat man viele Anregungen, allein kann man systematisch vorgehen. Und dann die kleine kritische Nebenbemerkung: *Angenehm schwatzen, gilt mehr, als gründlich wissen.* Aber die Hauptaufmerksamkeit gilt den verschiedenen Gesellschaften, beruflichen und privaten, die abgetastet werden auf das, was sie als Veranstaltungen bewirken. So etwas nennt man Analyse von Systembedingungen. Noch heute verfährt die Soziologie so. Die Schwätzer scheinen zu harmlos. Wenn Horst Eberhard Richter wiederum zweihundert Jahre später am *Lernziel Solidarität* arbeitet, hat er die Gruppendynamik im Blick, studiert gesellschaftliche Lernvorgänge, den Zusammenhang von Leistungsaktivität und Gefühlsunterdrückung, die Deformierung des Geschlechterverhältnisses – und und und. Wahrscheinlich kommt auch irgendwo einmal das Schwätzen vor, als eine Form der Aggression vielleicht oder als Zeichen unbewältigter Probleme oder als sonst irgendetwas. Aber es ist dann nur Beispiel für, nicht selbst ein Problem. Zuerst hat die Philosophie das Thema aufgegeben und zuletzt auch die zuständige Einzelwissenschaft, die Psychologie. Man verlässt sich darauf, dass jeder Bescheid weiß. Dabei weiß kaum jemand Bescheid.

Aber es bleibt ja noch etwas übrig, eine zweite Richtung. Die lässt sich umschreiben mit dem Stichwort »Ratgeber«. Als die Philosophie den Faden fallenließ, hat ihn diese Branche aufgenommen. Ihr erster (fast möchte ich sagen: einziger) wirklich großer Vertreter war Adolph Freiherr Knigge. Was mindestens die neuzeitliche Tradition seit Castiglione, besonders aber die französischen Aphoristiker entwickelt hatten, mit einem Schuss englischer Offenheit und Rousseauschem Freiheitspathos versehen, wird zusammengerührt und abrufbar gemacht. Schon das Inhaltsverzeichnis des *Umgangs mit Menschen* von 1788 ist atemberaubend: Man findet jedes Stichwort (nein, nichts zu Messer und Gabel, wie man immer fälschlich unterstellt) zum Umgang, von Eheleuten und Verliebten bis zu Mördern und sogar Tieren, worüber Heine seine Witze machte.

Und natürlich kommt der Schwätzer vor, ja er ist eine regelrechte Hauptfigur im Kabinett der Problemkinder. *Suche weniger zu glänzen, als andern Gelegenheit zu geben, sich von vorteilhaften Seiten zu zeigen* [...]. Erinnert man sich an La Bruyère? Dann das ratgebertypische Beispiel vom Mann, der einen anderen besucht, sich hinsetzt und mit Reden nicht aufhört – wie meine Tante Änne. Und schließlich das Fazit, auf das beim Ratgeben alles ankommt: Geduld. Wie Knigge immer zur Geduld, zum Einhalten der goldenen Mitte und was sonst bieder und brav ist, rät. Selbst solle man auf *Geschwätzigkeit* verzichten, weil sie zu gefährlich sei. Lieber ein gesunder *Lakonismus,* also Wortkargheit – das richte keinen Schaden an. Überhaupt: *Sei haushälterisch mit Worten* – haushälterisch. Man sieht die sparsame Hausfrau in der Küche. Dabei hat Knigge mit seiner Diagnose ja völlig Recht. *Es gibt Leute, die, ohne es selbst zu merken, aller Orten die Sprachführer sind* [...]. Sind sie wirklich. Und nerven. Aber wir wüssten mittlerweile gerne etwas über das Wie und Warum. Das sagten Philosophen, keine Ratgeber. Ratgeber schlachten Philosophen aus. Wer es nachlesen will, findet es im vierundzwanzigsten Abschnitt des Ersten Teils. Genauso gut kann er die Tradition lesen. Nur muss er dann mehr suchen. Ratgeber sind Suchersparer. Und auch Denkersparer. Sie sind die Trabiversion der philosophischen Luxuslimousinen, als Dreitakter fast ohne geistigen Spritverbrauch. Ob spätere Ratgeber über Knigge hinausgekommen sind? Ich glaube nicht.

Was kommt unterm Strich heraus bei der Betrachtung der Betrachter des Schwätzens von Theophrast bis Knigge? Zunächst einmal dies: anhaltende Empörung über den Störenfried. Einigkeit in der Diagnose und nur die (bei Philosophen voraussehbaren) Schwankungen bei der Therapie. Und dann diese andere Erfahrung: die eigenartige Abwendung vom Gegenstand, das fast unbegreifliche Liegenlassen, die Abtretung an eine andere, auf viel tieferem Niveau spielende Liga. Ob wir deshalb heute die Probleme haben? Wer weiß das schon so genau? Jedenfalls steht dies fest: In der gesamten gut zweitausendjährigen Tradition gibt es kein einziges gutes Wort für den Schwätzer, auch nicht für den, der nur schwätzt. Man könnte darin geradezu einen Beleg sehen, dass es die so oft bewitzelte abendländische Kultur eben doch gegeben hat. Ausgerechnet der Schwätzer hat sie geeinigt. Umso schlimmer dieses merkwürdige Desinteresse seit zwei Jahrhunderten. Unwahrscheinlich, dass wir einfach da weitermachen können, wo die Alten das Problem liegen ließen. Zu viel ist passiert. Die modernen Wissenschaften sind da. Die haben sich zwar auch nicht um den Schwätzer gekümmert. Aber was wäre, wenn wir ihr Wissen auf ihn anwenden? Gibt es vielleicht doch noch eine Lösung? Jedenfalls mehr als hoffnungslosen Appell und vor allem mehr als schnöde Resignation? Wir wollen sehen!

Sechstes Kapitel

Schwätzen gegen alle Regeln

Der falsch geteilte Kuchen

Irgendwie lässt uns die Geschichte also im Stich. Sie betrachtet das Schwätzen aus der Sicht von Vorstellungen, die wir nicht mehr anerkennen. Was nützen uns stoische Verklärungen des harmonischen Zusammenlebens, was die These von der erbsündlichen Verdorbenheit als Voraussetzung für Formen der Gegenwehr? Was allerdings auch die modernen Wissenschaften mit ihrer Ignorierung des Problems, weil es ihnen offenbar zu unbedeutend erschien? So wie die Medizin den Schnupfen mehr oder weniger fallengelassen hat. Man bekommt keinen Nobelpreis für die Heilung des Schnupfens. Also schniefen wir weiter. Natürlich gehört das Schwätzen nicht zu den Grundproblemen moralischen Handelns. Also schwätzen wir weiter.

Dabei liegt die Wichtigkeit auf der Hand. Wer geht schon gern in eine Gesellschaft, von der er sich schon vorher ausrechnen kann, dass er niedergeschwätzt wird. Keine Chance hat. Einfach zu unbedeutend ist, um Gehör zu finden. Weil es immer so war. Weil er vor Jahren einmal nicht aufgepasst hat und sich hat zumüllen lassen. So wird man Mülleimer und bleibt es. Einfach Schicksal. Im Konzert der großen Schwätzer ist kein Platz mehr. Vielleicht bei Tante Erna, die kaum noch etwas hört und auch sonst keine besonderen Ansprüche stellt. Die kann man einmal selbst zum Opfer ausersehen. Und sich rächen. Ja, heute gehe ich zu Tante Erna. Sie interessiert mich nicht, aber sie ist geduldig. Sie lässt sich beschwätzen. Dafür ertrage ich Blümchentapete und röhrenden Hirsch überm Sofa. Merkt ja sonst keiner. Aber heute Abend bin ich wirklich Sieger. Tante Erna hat nicht die geringste Chance. Sie wird zuhören, weil sie immer zugehört hat – wie ich bei den anderen. Schwätzen, so meine Behauptung, ist ein unüberwindbarer Affekt. Ja, Schwätzen ist wahrscheinlich die einzige Stelle im gesellschaftlichen Leben, die der Zivilisierung erfolgreich entgangen ist. Nirgends herrscht noch ein so roher Naturzustand wie beim Schwätzen.

Man muss sich einmal folgende Situation vorstellen. Man ist bei Freunden zu Kaffee und Kuchen eingeladen. Als alle am Tisch sitzen, fährt die Hausdame die Sahnetorte auf. Jeder hebt die Gabel, aber einer greift sich die Torte und schneidet sich drei Viertel heraus. Seelenruhig legt er das Riesenstück auf den Teller. Die anderen zerteilen den Rest. Kein Meckern, das Spiel ist eingespielt. Man weiß, dass dieser Eine die Torte verspeisen wird. Man begnügt sich mit einem kleinen Happen. Und wird das nächste Mal wiederkehren. Wieder die gleiche Aufteilung, wieder der kleine Bissen.

Genau das macht natürlich niemand beim Kuchen, aber genau das spielt sich beim Schwätzen jeden Tag ab, manchmal mehrfach. Was hat die Zivilisation geleistet? Die Teilung des Kuchens. Und überhaupt überall Teilung. Zivilisation ist fast gleichbedeutend mit Teilung, jedenfalls mit Gerechtigkeit. Wir würden denjenigen, der das Dreiviertelstück nimmt, fragen, ob er noch bei Trost ist. Wahrscheinlich sogar aus dem Haus jagen auf Nimmerwiedersehen. Wir lassen auch unter guten Freunden ein Anstandsstück liegen, selbst wenn noch der Magen knurrt. Wir haben uns im Griff. In jeder Hinsicht. Aber nicht bei der Teilung des Wortes. Hier hat die Zivilisationsgeschichte Halt gemacht. Niemand sagt etwas, niemand verlässt den Saal, wenn ein Schwätzer schwätzt. Vielleicht gibt es eine Obergrenze des Leidensdrucks. Aber wenn, dann liegt sie enorm hoch. Mindestens bei drei Viertel. Und das, wenn sich das letzte Viertel mindestens vier, fünf andere teilen. Ein unglaubliches Missverhältnis im zivilen Betragen. Vielleicht nur vergleichbar den Managergehältern, die das Tausendfache eines Arbeiterlohns betragen können.

Ob daher der Wind weht? Ist das Schwätzen Folge der Ellenbogengesellschaft, der ungebremsten Leistungsideologie? Hat das Schwätzen etwas mit dem grassierenden, ja galoppierenden Egoismus zu tun, den viele wohl mit Recht diagnostizieren? Ist das Schwätzen, weil in der Moderne von den Philosophen vergessen, zum besonderen Makel der Moderne geworden? Kann alles nicht sein, weil es sofort von der Geschichte des Schwätzers widerlegt wird. Deshalb wurde sie ja so ausführlich erzählt. Mag sein, dass sich die eine oder andere Bemerkung der puren Lust an der Zuspitzung verdankt (vor allem bei den Aphoristikern). Aber geschwätzt wurde zu allen Zeiten, in der Antike wie im schweigsamen Mittelalter, in der Renaissance wie unter Ludwig XIV. Einfach wo immer wir hinsehen. Kann höchstens sein, dass sich heute die Gelegenheiten vermehrt haben, es mehr Partys gibt und auch sonst die Menschen weniger zu tun haben als früher, also mehr Zeit finden fürs Schwätzen. Glaube ich eigentlich auch nicht. Früher hat man mehr gearbeitet, aber die Arbeit auch weniger einsam vollzogen als heute. Im gemeinsamen Waschhaus des Dorfes war das Waschen anstrengend, aber das Schwätzen eine willkommene Ablenkung von der Plackerei. Wer schwätzt dagegen heute in Waschsalons? Nein, Anwachsen ist unwahrscheinlich. Ich gehe eher von einer alles in allem gleichbleibenden Erscheinung aus.

Vielleicht war es ein einziges Mal etwas schwieriger mit der falschen Teilung des Gesprächskuchens. Im späten 17. und im ganzen 18. Jahrhundert, als man überall las und wohl auch hörte, dass man lieber den anderen zur Geltung bringen sollte. Damals wurde sogar der Kuchen anders geteilt als heute. Ein Monsieur Piquenique fand das Bewirten zu Hause zu anstrengend und schlug vor, dass man sich im Freien treffen und jeder etwas mitbringen sollte. Dann gebe es keinen Stress. Die Idee sprach sich in ganz Europa rund. In England grassierte sie bald als Picknick und wohl auch als englische Erfindung, was aber höchstens beim Fußball stimmt. Das Picknick war in Wirklichkeit ein Piquenique, stammt tatsächlich aus der vorrevolutionären Welt höfischer Unterhaltung in Frankreich. Pardon für den kleinen Exkurs! Ich wollte nur sagen, dass das Schwätzen höchstens Wellenberge und Wellentäler kennt, aber nicht das, was man als eine Entwicklung auffassen könnte. Schwätzen ist zeitenübergreifend und zivilisationsresistent. Anrennen gegen Schwätzen ist möglich (wie die Geschichte zeigt), aber zwecklos (wie die Geschichte ebenfalls zeigt). Klar, dass man dazu etwas sagen muss. Man muss das Schwätzen erklären. Mit modernen Mitteln. Weil einem niemand eine erbsündliche oder sonstige Grundlage mehr abnimmt.

Anfragen an die Psychoanalyse

Fassen wir das Problem zunächst in eine klare Frage. Warum ist der Verzicht auf Schwätzen so schwer? Meines Erachtens gibt es zur Beantwortung zwei Wege. Einen schon etwas älteren, einen superneuen. Natürlich wird sich nun jeder für den neuen interessieren. Ich beginne trotzdem mit dem älteren. Es ist der Weg der Psychoanalyse. Aber keine Angst, es geht um sehr grundsätzliche Dinge.

Die Psychoanalyse lehrt, unser Handeln als gesteuert zu begreifen. Durchaus von uns selbst, aber von einem Selbst, das sich aufspaltet. In Ich-Anteile und Anteile, die ziemlich weit vom Ich entfernt liegen können. Kenner sprechen vom Es oder vom Über-Ich. Im Prinzip ist das Allgemeinbildung. Und sehr weit weg von Allgemeinbildung brauchen wir uns auch nicht zu bewegen. Es genügt, sich vor Augen zu halten, dass wir als Kinder unsere libidinösen und aggressiven Energien ziemlich ungehemmt ausgelebt haben. Selbstbezogen und gegen andere Individuen gerichtet, man kann auch sagen: rücksichtslos. Zum Glück aber hatten wir Mütter (und Väter). Die haben uns erzogen. Will sagen: Sie haben uns beigebracht, dass das mit der Rücksichtslosigkeit nicht geht. In Bezug auf uns selbst nennt man das Sozialisation, in Bezug auf die Gesellschaft insgesamt Kultur.

Ohne soziales Verhalten und ohne Kultur kann sich eine Gesellschaft nicht halten. Sie würde zerfallen. Wir brauchen dieses stillschweigende Einverständnis mit der Beschränkung unserer Energien. Wir lernen, dass nichts geht ohne die Fähigkeit zu Geduld und Kompromiss. Aber das heißt nicht, dass die libidinösen und aggressiven Energien weg sind. Sie sind nur überformt, abtrainiert. Überall lauern sie und sorgen dafür, dass Psychoanalytiker in ihren Praxen gut zu tun haben. Ein dünner Nebenast dieser libidinösen und aggressiven Energien aber scheint auch das Schwätzen zu sein. Im Schwätzen versichern wir uns unseres Selbst. Wir schwätzen, also sind wir. Schwätzen stärkt die Ichgefühle, die sonst in der Welt überall Niederlagen erleiden. Wir halten uns (wenigstens gewöhnlich) beim Sex zurück, schlagen nicht mit den Fäusten zu, auch wenn uns danach ist, und so weiter und so fort. Wo kommen wir schon zu uns selbst?

Gewiss, es gibt den Aufstieg im Beruf, den Genuss in der Kunst wie etwa beim Musikhören. Aber all das genügt offenbar nicht. Der Kessel mit unsern Affekten steht unter Dampf. Er braucht Ventile. Das Schwätzen ist ein solches Ventil. Deshalb die Zwecklosigkeit der Vorstellung, man könnte es einfach abstellen.

Kann man ja auch nicht. Aber die nächste und im Grunde alles entscheidende Frage lautet: Wieso ausgerechnet das Schwätzen nicht? Wieso war die Zivilisation alles in allem einigermaßen erfolgreich (jedenfalls im kleinen Kreis unserer privaten Zusammenkünfte), nur nicht in diesem Punkt? Wir halten uns weiter an die Psychoanalyse und folgen ihr auch bei der Beantwortung dieser Frage. Die Psychoanalyse lehrt, dass Sozialisation und kulturelle Leistungen möglich sind, weil sie eine Befriedigung verschaffen. Natürlich nicht die Befriedigung, die wir eigentlich suchen (also Sex und Macht und dergleichen). Aber Befriedigung in einer Art Umleitung. Es macht uns zufrieden, wenn es uns gelungen ist, auf die handgreiflichen Formen von sexuellen Begierden und Machtgelüsten zu verzichten. Wir erleben als Belohnung eine Art Freiheitsgefühl. Ja, wäre schön gewesen, aber auch eine Schweinerei. Ich habe es also nicht getan. Bin ich nicht ein toller Hecht? Ich bin nicht abgeglitten, ich habe mich gefangen. Selbst wenn ich nicht die Kulleraugen derjenigen sehe, die sich freuen, vor mir davongekommen zu sein: Ich habe mich in der Gewalt gehabt, bin ein Sieger.

Und nun sieht man es schon etwas deutlicher: Kann es sein, dass dieses Gefühl der Befriedigung beim Schwätzen irgendwie nicht stark genug wird? Ist der Schaden, den ich anrichte, wenn ich die anderen nicht zu Wort kommen lasse, einfach zu klein? Vermutlich kommt schlicht kein Siegergefühl auf, wenn ich mir sage: Heute Abend habe ich sie nicht zugrunde geschwätzt. Heute habe ich mich in der Gewalt gehabt. Das Schwätzen fällt vielleicht einfach nicht unter die anerkannten Affekte. Ist kein anerkanntes Leiden. Die Kommunikationsleichen um den Schwätzer fallen nicht nur nicht auf, sie werden weggespült nach dem Motto: Selbst schuld! Warum schwätzen sie nicht? Jeder kann doch schwätzen. Sie haben doch schließlich eine Zunge im Rachen. Sogar alle die gleiche. Nicht wie bei den Beinen, die bei den einen lang und schnell, bei den anderen kurz und langsam sind (das Wort von der *schweren Zunge* ist bloß metaphorisch, eine glatte und platte Ausrede).

Die Erklärung der Biowissenschaften

Interessant. Aber irgendwie merkt man, dass man so nicht weiterkommt. Man will es einfach nicht glauben, dass das Schwätzen den Schwätzern nicht auffällt. Dass es als Terror keine Anerkennung findet. Wo man doch den betretenen Mienen die Schikaniererei ansieht. Oder den gelegentlichen ironischen Aufständen. Deshalb ein neuer Versuch, ein Versuch mit dem neuesten Erklärungsmodell im Bereich des sozialen Lebens überhaupt. Ich meine mit den neurologisch arbeitenden Biowissenschaften (keine Angst, ich verstehe davon auch nicht allzu viel). Von dort hört man nichts über libidinöse oder aggressive Energien, von Ich und Über-Ich und so fort. Dort hört man von Nervenzellen und Hormonen, die Stimmungen hervorrufen und Handlungen auslösen. Von Emotionen, deren neuronalen Spuren man im Kernspintomographen zusehen kann. Von Synapsen im Gehirn, die ganz automatisch zustande kommen und Verhalten dirigieren wie Dirigenten ihre Orchester.

Und dann die für uns äußerst interessante Botschaft: Menschen sind nicht das, wofür man sie fast immer gehalten hat. Sie sind keine libidinösen und aggressiven Urviecher, sondern im Kern kooperativ. Aber dies nicht als Ergebnis von Spekulation wie in der Aufklärung, sondern als Fazit aus jederzeit wiederholbaren Versuchen. Man muss Menschen nur spielen lassen, ihnen zum Beispiel Geldbeträge zur Teilung anvertrauen (das berühmte Ultimatumspiel). Unter der Bedingung, dass sie den für sie selbst bestimmten Anteil behalten können, wenn das Gegenüber die Teilung akzeptiert. Ergebnis: Keiner behält alles für sich, jeder macht irgendwie halbe-halbe, weil er sich ausrechnen kann, dass die anderen sonst nicht mitmachen. Menschen haben einen tief ausgeprägten Gerechtigkeitssinn. Lieber schlagen sie einen Nutzen aus, wenn sie die Teilung insgesamt für unfair halten. Sie belohnen Kooperation, handeln nach dem Motto: Wie du mir, so ich dir.

Und wieso? Die Antwort lautet: Menschen können sich in andere hineinversetzen, sie verfügen über Empathie (kann man mit bildgebenden Verfahren sichtbar machen). Schon die Affen zeigen es. Sie haben nicht nur aggressive Energie, sondern daneben voll funktionierende Empathie. Sie können sich eben wie wir in andere hineinversetzen. Und sehen, dass bestimmtes Verhalten Vor-, anderes Nachteile bringt. Dabei fallen sie gelegentlich ganz schön übereinander her (und bringen sich gelegentlich sogar um). Aber sie zeigen auch erstaunliche Leistungen von Rücksicht (indem sie zum Beispiel hilflose Kinder retten, die ins Gehege gefallen sind). Beim Menschen scheint es auf höherer Ebene (weil das Denkvermögen eben doch ein bisschen besser ausgebildet ist) genauso zuzugehen. Es gibt solche Möglichkeiten und solche. Die Wahl ist programmiert. Sie hängt von unseren Erfahrungen ab und verläuft dann schematisch. Nicht aufgrund von Moral, sondern von Balance. Man kann natürlich auch sagen: Die Orientierung am Gleichgewicht der Kräfte macht moralisch, bringt Moral hervor. Blankes Erfolgsstreben führt jedenfalls nicht weiter. Affen wie Menschen feilen an Methoden der Koexistenz, der Ebenbürtigkeit. Die Neuronen sind so.

Natürlich auch hier die Frage: Wieso klappt das Teilen überall, nur nicht beim Schwätzen? Wieso scheint es beim Schwätzen kein Motiv für Kooperation zu geben? Wieso tanzen die Neuronen nicht oder gar aus der Reihe, falls das etwas mit Neuronen zu tun hat? In puncto Freiheit sagen uns Psychoanalyse und Biowissenschaften ungefähr dasselbe. Nicht viel damit los. Aber die Psychoanalyse kennt dieses subtile Geflecht von inneren Trieben und moralischer Überlegenheit. Nach der Theorie der Psychoanalyse müsste die Schwätzerei eigentlich überwindbar sein (wegen der lockenden Freiheitsgefühle). Nach den Biowissenschaften dürfte sie eigentlich nicht existieren, weil sie das Teilungsprinzip missachtet. Aber die Schwätzerei existiert und scheint auch unüberwindbar. Mit anderen Worten gleichen wir dem Goetheschen Tor, der so klug ist wie zuvor. Der Verdacht erhärtet sich immer mehr, dass es irgendetwas mit dem Schwätzen selbst zu tun hat. Mit seiner geringen Bedeutung, die einfach keine Mechanismen in Gang setzt, weder psychoanalytisch begründete noch biologische.

Deshalb die allerletzte Frage: Stimmt das? Ist Schwätzen unbedeutend? Leide etwa nur ich, der Autor, rege ich mich künstlich auf über etwas, was niemand sonst als Problem empfindet? Darauf kann ich nur die Antwort geben: Glaube ich nicht. Ich glaube einfach nicht, dass man gerne ein Vierbelstück Kuchen zu viert isst und einer fast das Ganze bekommt. Ich glaube auch nicht, dass man gerne in Gesellschaft sitzt und immerfort zuhört. Das widerspricht allem, was wir über den Sinn der menschlichen Sprache wissen. Sprechen ist auf jeden Fall nicht nur dazu da, Informationen auszutauschen. Sprechen hat einen Selbstzweck. Es ist schön zu sprechen. Man teilt gerne dem anderen mit, was man erfahren hat, was einem gefällt, wovon man träumt. Der Beweis ist die Liebe. In der Liebe gibt es keine Schwätzer. Ganz im Gegenteil. In der Liebe will jeder Zuhörer sein. Kann sich nicht satthören an dem Geflüster der Geliebten oder des Geliebten. Selbst spricht man nur zögernd, mit größter Aufmerksamkeit dafür, was es dem anderen bedeutet. Die Liebe ist die größte und einzige Widerlegung der Schwätzerei.

Probleme mit der Toleranz

Pardon für diesen Exkurs, der aus einer gewissen Verzweiflung heraus zu verstehen ist. Ich möchte ausdrücken, dass Schwätzen nervt, obwohl nirgendwo Aufstände zu vermelden sind. Nach der letzten also eine allerletzte Frage: Wieso halten wir das aus (ich meine, wenn wir nicht Schwätzer sind, was wir ja wohl aus Prinzip nicht sind)? Ich glaube, da liegt der Schlüssel. Es gibt eine Toleranz fürs Schwätzen. Allerdings muss man in diesem Punkt ganz besonders genau hinsehen (Alexander Mitscherlich hat es in einem Aufsatz mit dem Titel *Toleranz. Überprüfung eines Begriffs* vorgemacht). Toleranz ist ein vieldeutiger Begriff, der sowohl eine echte wie eine falsche Alternative umschließt, wenn man einmal von technischen Verwendungen wie etwa bei der statischen Berechnung eines Bauwerks absieht. Echte Toleranz dürfte eher selten sein. Sie gehört zu den ganz bedeutenden Kulturleistungen, zu denen wir uns nur mit allergrößter Mühe aufraffen. Toleranz für abweichende Meinungen, Toleranz für andere Lebensformen gehört zu den letzten und schönsten Errungenschaften der Zivilisation. Viel öfter kommt Toleranz allerdings in bedenklicher, ja falscher Form vor. Wir tolerieren etwas, weil Protestieren zu viel Kraft kostet. Wir tolerieren es, wenn Leute auf der Straße Einpackpapier einfach wegschmeißen oder Dosen oder sonst etwas. Wir tolerieren leider auch Schlimmeres, wenn jemand in der Straßenbahn angepöbelt wird zum Beispiel. Der Grund ist immer derselbe. Toleranz ist mit Nichtaufwand verbunden, Nichttoleranz mit Aufwand.

Man braucht es nur so zu formulieren, um die Anwendung auf das Schwätzen zu durchschauen. Ich lasse einen schwätzen, weil Widerspruch zu viel Kraft kostet. Sogar echte Gefahr. Ich kann alle meine Kräfte zusammennehmen und sagen: *Willst du nicht endlich aufhören und auch mich und die anderen einmal zu Wort kommen lassen?* Aber dann habe ich es womöglich nicht nur mit dem Schwätzer zu tun. Der Gastgeber, falls es sich um eine Gesellschaft handelt, ist auch sauer. Über die Störung, die ich anrichte, weil ich nicht Opfer sein will. Opfer stören eben. Und dann erst der Schwätzer. Was, wenn er mich als armes Würstchen bezeichnet? Soll ich sagen, dass er im Unrecht ist? Und mich vollends lächerlich machen? Nein, der Schwätzer lebt reichlich ungefährdet wie ein Diktator, der seit Jahren, wenn nicht Jahrzehnten fest im Sattel sitzt. Seine Basis ist die Normalität. Er profitiert von dem gesellschaftlich anerkannten Arrangement, dass Schwätzen gestattet ist. Er kann jeden Einspruch als Angriff werten. Als Angriff auf den Frieden, also so ziemlich das Wichtigste, das es zu verteidigen gilt.

Aber es ist noch viel schlimmer. Als der bekannte Sozialwissenschaftler Jan Philipp Reemtsma über seine Entführung berichtete, hat er hervorgehoben, dass er selbst es nachträglich als besonders schrecklich empfand, dass er in Gefangenschaft anfing, seinen Peiniger freundlich zu behandeln. Ein wohl unvermeidlicher psychologischer Mechanismus. Aber kommt er nicht auch in abgeschwächter Form beim Schwätzen vor? Bewundern wir nicht insgeheim den Schwätzer für seine Überlegenheit? Besonders als Frauen Frauen und als Männer Männer? Wollen wir nicht so sein wie sie? Wortgewandt, von allen geschätzt (sonst würden sie ja nicht zuhören)? Der Schwätzer, der alle Spielregeln zivilisierten Verhaltens verletzt, ist letztlich ein Held, einer, der zeigt, wie man sich durchsetzt, der etwas zu sagen hat. Ich toleriere ihn nicht nur, ich bin froh, dass es ihn gibt. Wie leer wäre die Gesellschaft, wenn nicht einer dieses saure Amt übernähme und zur Unterhaltung beitrüge? Ach ja, ich muss schweigen. Na, wennschon. Ich kann das nächste Mal schwätzen. Außerdem: Ist er nicht arm dran, dass er immer nur redet und selbst überhaupt nichts lernt? Sich nur aus Zeitungen und dem Fernsehen über das Neueste unterrichten muss? Während ich perfekt informiert werde, ohne Kosten bzw. Gebühren?

Doch hören wir auf damit. So kann es unmöglich sein. Reine Verdrängung! Ich bin unterworfen und sonst nichts. Dieser Schwätzer ist ein Flegel. Ich toleriere ihn, weil ich schon genug Ärger habe. Und stecke diese zungenförmige Form der Inkontinenz einfach weg, weil mir die Kräfte fehlen. Nein, stolz bin ich nicht. Eher beschleicht mich ein unangenehmes Gefühl des falschen Mitmachens. Aber ich habe meine Ruhe. Und die habe ich bitter nötig. Schwätzen könnte auf niedrigerer Ebene sogar das sein, was Hegel die *List der Vernunft* genannt hat. Es übt den Hörenden ein in die Tatsache, dass Zivilisation anstrengend ist. So gesehen wäre das Schwätzen sogar selbst direkt von zivilisatorischem Wert. Es zeigt mir an einem harmlosen Fall, dass Menschen sind, wie sie sind. Nicht wie beim Kuchen. Da ist der Hunger zu stark. Da funktioniert die zivilisatorische Kooperation. Beim Schwätzen aber bekommen wir die Wildbahn präsentiert, von der wir herkommen. Und machen die Erfahrung, dass sie immer noch ganz nah ist. Das Schwätzen bewahrt uns letztlich vor Illusionen. Vor falscher Hoffnung auf eine wirklich gerechte Welt. Es macht uns alltagstauglich, härtet uns ab für die noch viel größeren Leiden, die die Gesellschaft für uns bereithält. Merkt man, dass dieses Buch kurz vor einer Wende steht? Vor der ersten Anerkennung des Schwätzens in der zweieinhalbtausendjährigen Geschichte überhaupt? Das letzte Kapitel wird es zeigen.

Siebentes Kapitel

Schwätzen in Zeiten der Digitalisierung

Ein unscharf gewordenes Schwert

Wer dieses Buch bis hierher gelesen hat, kann eigentlich keinerlei Hoffnung auf Besserung hegen. Der Blick in die Geschichte stimmt ebenso wenig optimistisch wie die systematischen Betrachtungen. Alles spricht für eine Einübung in Unterwerfung unter die Schwätzer. Knigge scheint das einzig Richtige geraten zu haben: Geduld. Aber dagegen regen sich alle sittlichen und sonstigen Gefühle. Warum Geduld mit dem Unterdrücker? Warum diese falsche Toleranz?

So greift man nach jedem Strohhalm. Kann man nicht schon in den Schulen anfangen? Neben Raucherecken schwätzerfreie Zonen einrichten? Vielleicht sogar Nichtraucher und Nichtschwätzer vereinigen? Und überhaupt. Warum nicht eine Nichtschwätzkunde einführen, wo so viel auf dem Spiel steht? Politiker fordern allenthalben neue Fächer. Was hilft uns die Verwandlung der guten alten Religion in Ethik, wenn nicht einmal die Grundlagen des gesellschaftlichen Zusammenlebens funktionieren? Und wenn man es noch ganz anders versucht, mit Ironie? Man könnte zum Beispiel Diätvorschläge für Schwätzer propagieren (einschließlich der Warnung vor dem Jo-Jo-Effekt). Aber man merkt es schon, wenn man es nur zu formulieren sucht. So wird es nicht gehen. Mit Verboten kommt man nicht weiter, mit Aufklärung auch nicht, mit Witzen am allerwenigsten. Es sitzt zu tief. Es hat einfach nie Hilfe institutioneller Art gegeben, nirgends tatkräftige Unterstützung außer der Philosophie. Und die kämpfte seit je mit stumpfen Waffen. Gelesen, amüsiert (ich denke wieder einmal an die Aphoristiker) und weggelegt.

Ist es so? Nehmen wir die beste Kampagne gegen das Schwätzen, die es je gegeben hat: die Französische Revolution auf dem Gebiet der Schwätzerei, hundert Jahre vor derjenigen in der Politik. Nicht selbst reden, sondern den andern glänzen lassen! Wie sollte das gelingen? In einer der umfangreichsten Darlegungen der Zeit von einem leider völlig unbekannt gebliebenen Autor namens Morvan de Bellegarde, einem Abbé, also einem Geistlichen, ist der Weg aufgezeigt (vorher gab es eher Andeutungen). Bellegarde hatte wie andere Kollegen seiner Zunft die neueste Politiktheorie aus England kennengelernt: Thomas Hobbes' Lehre vom Staat als Leviathan (wie auch das Hauptwerk hieß), vom fürchterlichen Raubtier, das die Verträge überwachen sollte, die die Bürger eingingen. Menschen, die eigentlich Wölfe seien, fielen nur dann nicht übereinander her, wenn jemand sie daran hindere, ist die Lehre (die Hobbes aus seiner Betrachtung der Religionskriege in England zog). Menschen sollen sich nicht an der Wahrheit orientieren (das bedeutet immer nur Krieg), vielmehr an Gesetzen. Sonst droht das Schwert. Eben. Und das fehlt scheinbar im privaten Gespräch.

Scheinbar (nicht anscheinend)! Denn genau da kam Bellegarde die Idee. Es gebe zwar kein Schwert, aber etwas Ähnliches. Wir könnten Störer der Konversation nicht körperlich hinrichten, aber psychisch. Und wie? Wir könnten sie auslachen. Das ist es: *ridiculité* im Französischen, ein zeitgenössischer deutscher Übersetzer sagte brav: *Auslachenswürdigkeit*, wir sprechen heute einfach von *Lächerlichkeit*. Was Bellegarde meinte, war dies: Die Angst vor der

Lächerlichkeit ist genauso groß wie die Angst vor dem Schwert. Hobbes' Gedanke ist geradewegs von der großen Politik übertragbar auf den kleinen Kreis derjenigen, die sich im Gespräch unterhalten. Genau damit scheinen auch die Probleme beim Schwätzen gelöst. Wer schwätzt, macht sich lächerlich, hat schlicht ausgespielt. Er wird sich sein Schwätzen dreimal überlegen. Er will nicht ausgestoßen sein. Nur sieht man es leider sofort: Das gilt allenfalls für eine sehr kleine Gesellschaft, zum Beispiel für Versailles. Wo jeder jeden kennt. In der Großstadt kann ich mich lächerlich machen und gehe am nächsten Tag zur nächsten Party, wo mich keiner kennt. Lächerlichkeit hat einfach nicht genug Reichweite. Gute Idee, vielleicht die beste überhaupt, aber nicht wirklich praxistauglich.

Wer sollte sonst Hilfe geleistet haben? Das Alte Testament hat die Zehn Gebote. Darin ist unter anderem Stehlen und Fremdgehen verboten. Wie hätten die beiden Steintafeln, die Gott Moses gab, auch noch das Schwätzen aufnehmen sollen? Das Neue Testament formuliert das Liebesgebot. Müsste ausreichen, ist aber zu allgemein. Schwätzer werden denken, dass gerade sie den Nächsten lieben. Wo sie ihn doch so schön belehren, ihm alles erzählen, was er noch nicht weiß. Und so weiter. Und Verfassungen? In der Verfassung der Bundesrepublik Deutschland ist die Achtung vor der Menschenwürde verankert. Genauso allgemein und genauso wenig anwendbar wie die Bibel. Am nächsten kommt einer Unterstützung noch die amerikanische Unabhängigkeitserklärung vom 4. Juli 1776, im Wesentlichen verfasst von Thomas Jefferson aus Virginia. Dort liest oder erinnert man sich daran: *Folgende Wahrheiten erachten wir als selbstverständlich: dass alle Menschen gleich geschaffen sind, dass dazu Leben, Freiheit und das Streben nach Glück gehören.* Eben: das Streben nach Glück. Worin soll das Streben nach Glück bestehen, wenn dies einer allein tut und alle anderen daran hindert? Nur ist dies niemals auf die Schwätzerei angewendet worden.

Von Helden des Schweigens und alltagstauglichen Idealen

Aber vielleicht konzentrieren wir uns zu sehr auf Verbote. Es gibt auch Vorbilder. Es *ist* auf Schwätzen verzichtet worden, sogar äußerst radikal. Ich meine die Mönche, die Helden des Schweigens. Interessanterweise ist das Mönchtum gleichsam doppelt erfunden worden: als Einzelkämpfer und als Gemeinschaftskämpfer, als Anachoreten und Zönobiten. Am Anfang gibt es die Anachoreten wie Antonius in der Wüste, der in radikaler Askese alles Weltliche hinter sich lassen wollte (und dann Probleme mit Dämonen bekam, die man sich auf dem Isenheimer Altar von Matthias Grünewald in Colmar ansehen kann). Das war im 3. nachchristlichen Jahrhundert. Im 6. gründete der heilige Benedikt das Kloster Montecassino und erfand damit das zönobitische, das in Gemeinschaft lebende, Mönchtum. Sein Erfolg war bekanntlich ungeheuer, vor allem dank der Regel, die er ausarbeitete. In vierundfünfzig Punkten ist der Dienstplan erfasst, den man später von Schottland bis Sizilien, von der französischen Atlantikküste bis mindestens an die Elbe befolgte.

Und was steht in dieser Regel? Nach einem Vorgeplänkel hinsichtlich der *Gattungen* der Mönche (neben Anachoreten und Zönobiten auch noch falsche) behandelt Benedikt gute Werke, Gehorsam und – Schweigen (bereits im fünften Kapitel). Später wird er noch sehr genau, regelt sogar die Bekleidung im Sommer und im Winter, kümmert sich um die Behandlung der Gäste und bestimmt Strafen für falsches Singen. Aber einer der wichtigsten Punkte ist eben dieses Schweigen. Ein so radikal christliches Leben, das buchstäblich in die Nähe der Engel bringen sollte, das alles Menschliche durch Askese gleichsam abzulegen versucht (mit viel Fasten zum Beispiel), verzichtet auch auf überflüssiges Reden. Selbst beim gemeinsamen Essen liest ein Mönch aus der Bibel vor, um jedes Gespräch zu unterbinden. Schwätzen ist quasi unbekannt. Und selbst das ist nicht alles. Spätere Reformorden haben die Askese immer weiter getrieben. Das radikalste Schweigen haben die Trappisten eingeführt, die übrigens reformierte Franziskaner sind. Die redeten praktisch überhaupt nicht mehr. Nur wird rasch klar, dass dieses heiligmäßige Vorbild viel zu hoch gehängt ist. Die Mönche sind die Helden des Schweigens. Wir brauchen alltagstaugliche Ideale.

Interessanterweise gibt es sie sogar in ausgesprochen weltlicher Form. Ja, es existiert eine Institution, in der Schwätzen strikt verboten ist: die Talkshow. In der Talkshow wird strikt auf Gleichheit der Redeanteile geachtet, aber sie wird auch überwacht: vom Talkmaster oder von der Talkmasterin. Hier verlässt sich niemand auf das Horrorbild der Lächerlichkeit (das viele nicht schrecken dürfte), hier gibt es die Stoppuhr. Jedenfalls in der wichtigsten Talkrunde alle vier Jahre, wenn im Bundestagswahlkampf die Spitzenkandidatinnen und -kandidaten in den Ring steigen. Zum Schluss spielen die Sekunden eine wichtige Rolle. Wer einige davon weniger verbraucht hat, findet Sympathie. Das wissen sogar eingefleischte Schwätzer im wahren Leben, die sich hier am Riemen reißen (sind eigentlich Politiker immer Schwätzer, wenn man sie nicht beobachtet?). Im Grunde gibt es kein besseres Vorbild. Die Talkrunde müsste es jedem einleuchtend machen, den letzten Schwätzer davon überzeugen, dass Reden nur so geht wie in der Talkrunde. Ein Paradies für alle, die auch einmal gerne reden möchten. Der real existierende Sozialismus im Reich der Konversation.

Nur sieht man hier sofort, wo wieder der Haken liegt. Im Organisator des Ganzen, in der sehr gut bezahlten Talkmeisterin oder dem Talkmaster. Wer soll das im wahren Leben wahrnehmen? Ganz im Gegenteil: Wenn es eines Beweises dafür bedarf, dass Schwätzer im wahren Leben nicht zu bändigen sind, dann ist es dieses zirkusartige Arrangement mit Dompteur und Raubtieren. Eben *nur*, wenn jemand die Peitsche schwingt, klappt es. Talkrunden ohne Talkmaster sind eben Talkrunden, wie wir sie hier die ganze Zeit verstehen. Runden mit einem Meister des Schwätzens statt einem Talkmaster. Die Talkrunde ist die verkörperte Hoffnungslosigkeit für die Befreiung von Schwätzern, die niederschmetternde Auskunft an jeden, der auf das kommunikative Paradies auf Erden hofft. Über Mönche kann man (sollte man aber nicht) vielleicht noch Witze machen. Angesichts von Talkrunden bleibt nur Resignation.

Gegenbeispiel *Chat*, *Blog* und *Twitter*

Oder war die Betrachtungsweise die ganze Zeit falsch? Haben wir vielleicht den Bedarf falsch eingeschätzt: den Bedarf an Reden im Sinne von Selberreden? Folgen wir einem zivilisatorischen Modell, das womöglich im europäischen 18. oder 19. Jahrhundert wurzelt: in der Aufklärung oder im Liberalismus (ich meine nicht die FDP)? In Vorstellungen, die einfach das Reden überbewerten und in der globalisierten Welt überholt sind? Dafür spricht einiges.

Wie überall hat auch in diesem Punkt das *World Wide Web* ganze Arbeit geleistet. Es gibt längst eine andere und neue Form der Kommunikation, die das Problem überhaupt nicht kennt: *Chat*, *Blog* und *Twitter*. Den *Chat* kennen mittlerweile auch schon gesetzte Damen und Herren, die wissen: Im *Chatroom* gibt es Vielchatter, aber keine Schwätzchatter. *Chatten* funktioniert einfach anders. Es kommt nicht auf Inhalte an, sondern auf Kontakte (*zwanglose Kommunikation*, definiert der Duden bei allem Stolz, dass er das Wort kennt, etwas ratlos). Schon deshalb sind die Beiträge eher kurz. Die Rhetorik des *Chattens* ist eine Antirhetorik (was es allerdings auch früher schon gelegentlich gegeben hat – etwa beim teuren Telegraphieren). Man verzichtet auf alles, was das *Chatten* langatmig machen könnte. Zum Beispiel auf das Ausschreiben von Wörtern. Ein *mlg* genügt, weil jeder weiß, dass es *Mit lieben Grüßen* bedeutet. Mit durchgängiger Kleinschreibung und Vernachlässigung jeglicher Interpunktion outet man sich als jemand, der keine Umstände macht, nicht auf die Nerven fallen will. Kann man auch nicht, weil *Chatten* nicht nur lautlos geht, sondern vor allem einsam. Man kann einen Beitrag überspringen, wegdrücken. Man beantwortet nur das, wozu einem etwas einfällt. Tyrannen können sich im Reich des *Chattens* nicht halten, höchstens mit Sitzfleisch für eine gewisse Dominanz sorgen. Aber über Sitzfleisch verfügen sie eben alle. Darin übertreffen sie jeden mittelalterlichen Mönch im Skriptorium (beim Schweigen ziehen sie mindestens gleich).

Und der *Chat* war nur der Anfang. Es gibt mittlerweile den *Blog*: die Kombination von *World Wide Web* und englisch *log* für Logbuch. Hier ist Selbstdarstellung das Thema und zugleich die Hoffnung. Viele sollen lesen, wie ich bin. Da würde Länge nur stören, die Besucherzahlen senken. Man hat das längst in ein noch neueres Konzept umgewandelt: in den *Twitter*, der also jetzt auch hörbar vom Zwitschern kommt, während der gute alte *Chat* noch vieles bedeuten konnte: *Schwätzchen* genauso wie *Gezwitscher*. Und wie zwitschert der *Twitter*? In höchstens hundertvierzig Zeichen (das sind nicht einmal drei Zeilen hier in diesem Text). Der *Twitter* ist ein *Mikroblog*. Man kann die einzelnen *Tweets*, die wieder zwitschern bedeuten (was ist die englische Sprache doch erfinderisch!) abonnieren, wird über jeden Pieps informiert und ist damit *Follower* des Benutzers – Gefolgsmann oder Gefolgsfrau. Die endgültige Verurteilung zum reinen Zuhören, wenn man übersieht, dass jeder *Follower* auch *Twitterer* sein kann. Nur sieht man die Pointe? Gefolgsherr und Gefolgsmann, *Twitterer* und *Follower*, müssen sich überhaupt nicht kennen. Kommunikation funktioniert ohne jedes Gegenüber, was auch komisch wäre, wenn man auf die Inhalte schaut: *Ich habe gerade schlechte Laune* ist ein Superbeispiel oder auch: *hab karten für das rockkonzert gekriegt*. Natürlich gibt es auch inhaltsreicheres Gezwitscher. Zum Beispiel als Livebericht über den Absturz von US-Airways-Flug 1549 oder den Amoklauf von Winnenden. Und wenn dies das Modell für Kommunikation in Zeiten der Digitalisierung wird? Wenn zum ersten Mal in der Geschichte die Schwätzer schlicht ihr Betätigungsfeld verlieren?

Es scheint möglich. Ja, es scheint bedrohlich. Blaise Pascal, der große französische Mathematiker und Theologe, hat in einer beunruhigenden Formulierung die Gefahren der Moderne aufgezeigt: Wir werden einsam sterben, sagte er. Nicht mehr in den Familien und sogar noch größeren Gemeinschaften, wie es früher die Regel war. Die Prophezeiung ist eingetroffen, wie jeder weiß. Aber Pascals Warnung war alles in allem harmlos. Wir werden eben nicht nur einsam sterben, sondern auch einsam leben. Als *Chatter*, *Blogger*, *Twitterer*, was manchem schon gar nicht mehr als Einsamkeit vorkommen mag. Er hat ja seinen PC und auf dem

Bildschirm flimmernde Kontakte. Aber das leibliche Gegenüber fehlt. Und nun biegen wir zum Schluss doch in eine ganz andere Kurve ein. Wir bekommen es mit der Angst zu tun. Mit *wir* ist gemeint: wir Sprecher mit Idealen aus Alteuropa vor der Digitalisierung. Mit der Vorstellung, dass zum Sprechen ein Gegenüber oder gar ein Kreis von Gleichen gehört. Und trotz der Erfahrung, dass diese Gleichheit bedroht ist. Dass die Schwätzer sie bedrohen.

Aber das sehen wir nun mit neuen Augen. Wir nehmen das Schwätzen buchstäblich in Kauf angesichts uns noch viel größer erscheinender Bedrohungen. Angesichts des Endes von Kommunikation unter menschlichen Wesen mit menschlichen Zügen und Reaktionen. Welch merkwürdiges Ende dieses Buches! Nicht Geduld, sondern eher Panik als Reaktion auf das behandelte Problem. Geduld ist einfach nur feige. Aber Panik kann man verstehen. Retten wir uns in die vielleicht letzten Refugien jener Form des Gesprächs, an die wir gewöhnt sind. Von Kindheit an. Und seit es Kultur gibt. Die Zeiten werden sich ändern, ja haben sich bereits geändert. Nicht Ducken, sondern geradezu im Gegenteil: Standhalten ist die Parole. Standhalten als sprechende Wesen. Die das Problem mit den Schwätzern wegstecken. Einfach als Kollateralschaden verbuchen. Nichts im Vergleich zu dem, was droht. Dem stummen Blicken auf den Bildschirm.

Epilog

Kann man es mir verdenken, wenn der Schluss nostalgisch wird? Ich muss an Tante Änne denken. Nein, nicht an die Zeiten, als sie noch kam. Da war sie eben Tante Änne, das redende Ungeheuer, der leibgewordene Wortschwall. Aber heute, im Rückblick. Ob sie vielleicht doch kein Monster verkörperte, ob die Einschätzung vielleicht doch ungerecht oder übertrieben war. Wo Tante Änne eine so eindrucksvolle Institution darstellte. Ich bin jedenfalls bereit zur Abbitte. Nicht die Schwätzer, sondern die letzten Überlegungen haben mir den Nerv geraubt. Ich beginne zu träumen. Schon sehe ich Tante Änne wieder, beklage ihren Verlust:

Ach, liebe Tante, würdest du doch noch einmal zu mir heraufkommen wie damals! Wie würde ich die Belehrungen genießen und wie die Tatsache, dass du uns so überrolltest, wo heute so ganz andere und schlimmere Gefahren lauern. Ach, was war die Zeit deiner absoluten Dominanz so schön, wo du im Grunde die Ausnahme darstelltest und uns Hoffnung machtest auf alsbaldige Erlösung am frühen Abend, als du immer nach Hause gingst. Heute ist die Welt ärmer geworden, auch wenn die Wortlawinen sich nun um den ganzen Erdball bewegen. Die Türglocke schrillt immer seltener, dafür flirren immer mehr Nachrichten über meinen Bildschirm. Nicht du warst es, die uns zumüllte (ganz im Gegenteil: was lernten wir nicht alles von dir?), sondern die Flut der E-Mails mit all dem Schrott trotz funktionierender Spamfilter. Spam und Viren sind schlimmer als du, schon ihrer Gesichtslosigkeit wegen, während du ein wundervolles Bild abgegeben hast, das ich noch nach Jahrzehnten vor Augen habe, als wäre es gestern gewesen. Ach, Tante Änne, mit dir ist eine der wirklich Großen im Reich der Schwätzer dahingegangen. Mit Profil. Mit Leidenschaft.

Einfach ein Mensch. Mir wird angst und bange. Könntest du mir nicht wenigstens im Traum noch einmal erscheinen? Ich werde dir nicht dazwischenreden, nicht einmal wünschen, das Wort zu erhalten. Ich werde es einfach genießen, dass jemand da ist. Mir gegenüber. Was zählt schon die Tyrannei? Wo viel Schlimmeres droht: die Einsamkeit!

Hans Traxler

Hans Traxler, geboren 1929 in Herrlich/Böhmen, studierte Malerei und Lithographie an der Städelschule in Frankfurt.
Er war Gründungsmitglied der Satirezeitschriften »Pardon« und »Titanic« und arbeitete für die Magazine von ZEIT, SZ, FAZ u.a. Darüber hinaus schrieb, zeichnete und illustrierte er bisher über vierzig Kinderbücher, Cartoonbände und Werke der klassischen Literatur.

Dieser Band gibt einen repräsentativen und äußerst vergnüglichen Überblick über sein cartoonistisches Schaffen.

Reclam